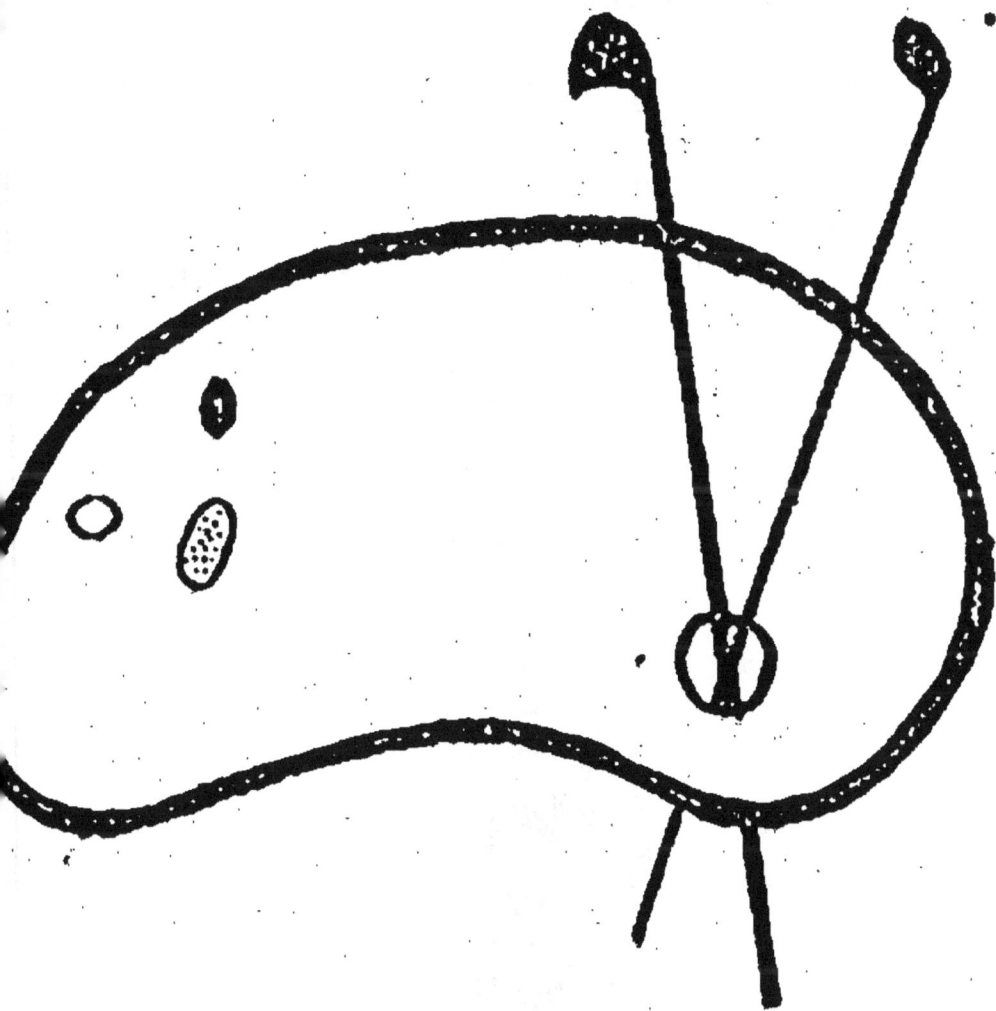

COUVERTURE SUPÉRIEURE ET INFÉRIEURE
EN COULEUR

GRADES ET DIPLOMES

FONCTIONS DE L'ENSEIGNEMENT PUBLIC ET LIBRE

CONDITIONS D'ADMISSION

AUX DIVERSES ÉCOLES SPÉCIALES

RÉSUMÉ EXTRAIT

DE L'ANNUAIRE DE L'INSTRUCTION PUBLIQUE

pour l'Année 1879.

PARIS

IMPRIMERIE ET LIBRAIRIE CLASSIQUES

MAISON JULES DELALAIN ET FILS

DELALAIN FRÈRES, Successeurs

56, RUE DES ÉCOLES.

PARIS. — TYPOGRAPHIE DELALAIN FRÈRES
1 ET 3, RUE DE LA SORBONNE.

RÉSUMÉ DE LÉGISLATION

EXTRAIT

DE L'ANNUAIRE DE L'INSTRUCTION PUBLIQUE

pour l'Année 1879.

PROGRAMMES DES EXAMENS ET CONCOURS

pour les grades universitaires, les diplômes et brevets de capacité, l'admission aux carrières civiles et militaires.

1. Programme de l'examen pour le Baccalauréat ès Lettres scindé en deux examens. — 30 c.
2. Programme de l'examen du Baccalauréat ès Sciences complet. — 30 c.
3. Programme de l'examen du Baccalauréat ès Sciences restreint pour la partie mathématique. — 30 c.
4. Programme de l'examen du Brevet de Capacité de l'Enseignement secondaire classique.— 20 c.
5. Programme de l'examen pour les Brevets de Capacité de l'Enseignement secondaire spécial. — 20 c.
6. Programme de l'examen pour les Brevets de Capacité d'Instituteur primaire. — 20 c.
7. Programme de l'examen pour les Brevets de Capacité d'Institutrice primaire et de Maîtresse de pension. — 20 c.
8. Programme de l'examen pour le Certificat d'Aptitude aux fonctions d'inspecteur primaire.—20 c.
9. Programme de l'examen pour le Certificat d'Aptitude de Directrice de Salle d'asile. — 20 c.
10. Programme de l'examen pour le Certificat de Capacité des Sciences appliquées. — 40 c.
11. Programme de l'examen de Grammaire, exigé des candidats au baccalauréat en droit et aux titres d'officier de santé et de pharmacien de deuxième classe. — 20 c.
12. Programme de l'examen pour le Diplôme d'Études de l'Enseignement secondaire spécial.—20 c.
13. Programme de l'examen pour la Licence ès Sciences. — 60 c.
14. Programme de l'examen spécial du Volontariat d'un an, suivi des Documents officiels. — 50 c.
   — Les Programmes d'interrogation, seuls. — 25 c.
15. Programme des conditions d'admission à l'Administration des Finances, Administration, Enregistrement et Domaines, Contributions directes et indirectes, Douanes, Postes, Manufactures de l'État. — 30 c.
16. Programme des conditions d'admission à l'École supérieure de Télégraphie. — 20 c.
17. Programme des conditions d'admission aux divers ordres d'Agrégation des Facultés. — 30 c.
18. Programme des conditions d'admission aux divers ordres d'Agrégation de l'Enseignement classique et spécial des Lycées. — 40 c.
19. Programme des conditions d'admission aux Bourses des Lycées et Collèges, enseignements classique et spécial. — 20 c.
20. Programme des conditions d'admission aux Bourses du Prytanée militaire de la Flèche. — 20 c.
21. Programme des conditions d'admission au corps du Commissariat de la Marine. — 20 c.
22. Programme des conditions d'admission au Conseil d'État et à la Cour des Comptes. — 20 c.
23. Programme des conditions d'admission au Cours pratique des Salles d'asile. — 20 c.
24. Programme des conditions d'admission à l'École centrale d'Architecture. — 20 c.
25. Programmes des conditions d'admission à l'École centrale des Arts et Manufactures et à l'École de Commerce. — 30 c.
26. Programme des conditions d'admission à l'École de Cavalerie de Saumur. — 20 c.
27. Programme des conditions d'admission à l'École des Chartes. — 20 c.
28. Programme des conditions d'admission à l'École Forestière. — 40 c.
29. Programme des conditions d'admission à l'École pratique des Hautes Etudes. — 20 c.
30. Programme des conditions d'admission à l'École des Langues orientales vivantes.— 20 c.
31. Programme des conditions d'admission à l'École spéciale Militaire de Saint-Cyr. — 30 c.
32. Programme des conditions d'admission à l'École Navale et à l'École du Génie maritime. — 30 c.
33. Programme des conditions d'admission à l'École Normale supérieure de Paris et aux Écoles Normales secondaires. — 20 c.
34. Programme des conditions d'admission à l'École Normale de Cluny pour l'Enseignement secondaire spécial. — 20 c.
35. Programme des conditions d'admission à l'École Polytechnique. — 40 c.
36. Programme des conditions d'admission à l'École des Ponts et Chaussées. — 20 c.
37. Programme des conditions d'admission aux Écoles nationales d'Agriculture et au diplôme d'ingénieur agricole. — 20 c.
38. Programme des conditions d'admission aux Écoles nationales d'Arts et Métiers. — 20 c.
39. Programme des conditions d'admission aux Écoles nationales des Beaux-Arts et au Conservatoire de Musique. — 30 c.
40. Programme des conditions d'admission aux Écoles d'Hydrographie. — 20 c.
41. Programme des conditions d'admission aux Écoles de Médecine et de Pharmacie militaires et navales. — 30 c.
42. Programme des conditions d'admission aux Écoles nationales des Mines de Paris, de Saint-Étienne et d'Alais. — 20 c.
43. Programme des conditions d'admission aux Écoles Normales primaires d'instituteurs et d'institutrices. — 20 c.
44. Programme des conditions d'admission aux Écoles nationales Vétérinaires. — 20 c.
45. Programme des conditions d'admission aux Facultés de Droit. — 20 c.
46. Programme des conditions d'admission aux Facultés de Médecine, aux Écoles supérieures de Pharmacie et aux Écoles préparatoires de Médecine et Pharmacie. — 20 c.
47. Programme des conditions d'admission au titre de Conducteur et de Sous-Ingénieur des Ponts et Chaussées, d'Agent voyer cantonal et de Vérificateur adjoint des Poids et Mesures. — 20 c.
48. Programme des conditions d'admission à l'Institut national agronomique. — 20 c.
49. Programme des conditions d'admission aux charges d'Officier ministériel, notaire, avoué, greffier, etc., et aux places d'attaché à la chancellerie et aux parquets des cours et tribunaux. — 20 c.
50. Programme des examens des Facultés des Lettres, Baccalauréat, Licence, Doctorat. — 50 c.
51. Programmes des examens des Facultés des Sciences, Baccalauréat, Licence, Doctorat. — 1 f.
52. Programmes des examens de la Faculté de Théologie de Paris, Baccalauréat, Licence, Doctorat. — 75 c.
54. Programme des conditions d'admission au Volontariat d'un an. — 20 c.
55. Programme des conditions d'admission à l'École d'Horticulture de Versailles. — 20 c.
56. Programme des conditions d'admission à l'École des Haras. — 20 c.
57. Programme des conditions d'admission à l'École d'Irrigation et de Drainage. — 20 c.
58. Programme des conditions d'admission aux Écoles françaises d'Athènes et de Rome.— 20 c.

GRADES ET DIPLOMES

FONCTIONS DE L'ENSEIGNEMENT PUBLIC ET LIBRE

CONDITIONS D'ADMISSION

AUX DIVERSES ÉCOLES SPÉCIALES

RÉSUMÉ EXTRAIT

DE L'ANNUAIRE DE L'INSTRUCTION PUBLIQUE

pour l'Année 1879.

PARIS

IMPRIMERIE ET LIBRAIRIE CLASSIQUES

Maison Jules DELALAIN et Fils

DELALAIN FRÈRES, Successeurs

56, RUE DES ÉCOLES.

Ce résumé de législation, primitivement établi par M. Jules Delalain, est complété et tenu au courant des dernières décisions par M. Paul Delalain (A. **).

CONDITIONS D'ADMISSION

AUX GRADES ET DIPLOMES DE L'ENSEIGNEMENT [1].

INSTRUCTION PRIMAIRE.

CERTIFICAT D'APTITUDE AU TITRE DE DIRECTRICE DE SALLE D'ASILE.

Pour obtenir un certificat d'aptitude pour la direction d'une salle d'asile, il faut passer un examen devant la commission d'instruction primaire, qui tient par an deux sessions au chef-lieu de chaque département, en mars ou avril et en août; elle ne se réunit à Paris qu'une fois par an, en juillet.

Pour être admise aux examens, l'aspirante doit être âgée de vingt et un ans et déposer, un mois avant l'ouverture de la session, entre les mains de l'inspecteur d'académie résidant au chef-lieu du département où elle désire passer l'examen, les pièces suivantes : 1° son acte de naissance dûment légalisé; si elle est mariée, son acte de mariage et l'autorisation de son mari; si elle est veuve, l'acte de décès de son mari; 2° des certificats attestant sa moralité et indiquant les lieux où elle a résidé et les occupations auxquelles elle s'est livrée depuis cinq ans au moins : ces certificats doivent être délivrés par le maire.

L'examen se compose de deux parties distinctes : 1° un examen d'instruction; 2° un examen pratique. L'examen d'instruction, divisé en épreuves écrites et en épreuves orales, comprend l'instruction religieuse, la lecture, l'écriture, l'orthographe, les notions les plus usuelles du calcul et du système métrique, le dessin au trait, les éléments de géographie générale et la géographie de la France, le chant, les travaux manuels. L'examen pratique a lieu dans une salle d'asile. L'épreuve embrasse la surveillance des enfants au préau couvert et découvert et les exercices de la classe.

L'examen et le certificat d'aptitude sont gratuits.

(*Lois des 15 mars 1850 et 14 juin 1854; décret du 21 mars 1855; arrêté du 22 mars 1855.*)

---

1. Ce résumé des conditions exigées pour obtenir les diplômes et grades de l'enseignement public et libre a été tenu au courant des modifications qui ont pu y être apportées par les derniers décrets et arrêtés. Pour plus de détails, consulter les programmes officiels des divers examens publiés à la Librairie Delalain. Chaque programme se vend séparément.

BREVET DE CAPACITÉ D'INSTITUTRICE PRIMAIRE.

Pour obtenir un brevet d'institutrice de second ordre ou d'institutrice primaire, il faut passer un examen devant la commission d'instruction primaire, qui tient par an deux sessions au chef-lieu de chaque département, en mars et en août dans les départements, en mars et en octobre à Paris.

Pour être admise aux examens, l'aspirante doit se faire inscrire, un mois avant l'ouverture de la session, à la préfecture du département où elle désire passer l'examen et déposer à l'époque de son inscription : 1° son acte de naissance dûment légalisé, constatant qu'elle aura au moins seize ans accomplis le jour de l'ouverture de la session, en y joignant, si elle est mariée, son acte de mariage, ou, si elle est veuve, l'acte de décès de son mari; 2° la déclaration écrite qu'elle ne s'est présentée devant aucune autre commission d'examen dans l'intervalle des quatre mois qui précèdent la session, et qu'elle ne s'est fait inscrire pour cette même session dans aucun autre département : sa signature doit être légalisée par le maire de la commune où elle réside.

L'examen se divise en épreuves écrites et en épreuves orales. Les épreuves écrites sont au nombre de quatre : 1° une page d'écriture; 2° une dictée d'orthographe; 3° un récit emprunté à l'histoire de France; 4° la solution raisonnée d'un ou plusieurs problèmes d'arithmétique. Ces premières épreuves décident de l'admission aux épreuves orales, qui ont lieu dans l'ordre suivant : 1° lecture du français dans un livre imprimé et dans un manuscrit, et lecture du latin dans un psautier ou dans un livre d'offices; 2° questions sur le catéchisme et l'histoire sainte; 3° analyse d'une phrase au tableau; 4° questions d'arithmétique et de système métrique; 5° questions d'histoire et de géographie de la France. Les aspirantes doivent faire en outre des travaux d'aiguille, et notamment des ouvrages de couture usuelle.

L'examen et le brevet de capacité sont gratuits.

(*Lois des 15 mars 1850 et 10 avril 1867; décrets des 29 juillet 1850, 31 décembre 1853 et 2 mai 1870; arrêté du 3 juillet 1866*).

BREVET DE CAPACITÉ DE DIRECTRICE DE MAISON D'ÉDUCATION DE JEUNES DEMOISELLES.

Pour obtenir un brevet d'institutrice du premier ordre[1] ou de directrice de maison d'éducation, il faut passer un examen devant la commission d'instruction primaire, qui tient par an deux sessions au chef-lieu de chaque département, en mars et en août dans les départements, en avril et en novembre à Paris.

_____

1. Aux termes de l'article 3 de la loi du 19 juillet 1875, l'obtention du brevet supérieur élève de cent francs, pour les institutrices publiques de tout ordre, les traitements minima auxquels elles ont droit d'après leur classe.

Pour être admise aux examens, l'aspirante doit se faire inscrire, un mois avant l'ouverture de la session, à la préfecture du département où elle désire passer l'examen et déposer, à l'époque de son inscription : 1° son acte de naissance dûment légalisé, constatant qu'elle a au moins dix-huit ans accomplis, en y joignant, si elle est mariée, son acte de mariage, ou, si elle est veuve, l'acte de décès de son mari ; 2° la déclaration écrite qu'elle ne s'est présentée devant aucune autre commission d'examen dans l'intervalle des quatre mois qui précèdent la session : cette déclaration doit être légalisée par le maire de la commune où elle réside. Elle doit en outre justifier de l'obtention du brevet de second ordre, à moins qu'elle n'ait demandé et obtenu la permission de passer les deux examens dans la même session, et désigner, s'il y a lieu, la langue vivante sur laquelle elle désire être interrogée.

L'examen se compose d'épreuves écrites et d'épreuves orales. Les épreuves écrites comprennent une question d'arithmétique appliquée ; un sujet d'histoire et de géographie ; un croquis de dessin linéaire et d'ornement ; de plus, un thème et une version dans une langue vivante, quand l'aspirante en a fait la demande. Les épreuves orales comprennent l'arithmétique appliquée aux opérations pratiques, la tenue des livres, les éléments de l'histoire et de la géographie, les notions des sciences physiques et naturelles, le dessin, le chant, l'hygiène, enfin une langue vivante, quand l'aspirante le demande. A Paris, cet examen comprend, en outre, des notions de littérature ancienne et de littérature française.

L'examen et le brevet de capacité sont gratuits.

(*Lois des* 15 *mars* 1850, 21 *juin* 1865 *et* 10 *avril* 1867; *décrets des* 29 *juillet* 1850 *et* 31 *décembre* 1853; *arrêtés des* 15 *février* 1853, 27 *août* 1862 *et* 3 *juillet* 1866; *circulaire du* 11 *mars* 1878.)

BREVET DE CAPACITÉ D'INSTITUTEUR PRIMAIRE.

Pour obtenir un brevet d'instituteur primaire[1], il faut passer un examen devant la commission d'instruction primaire, qui tient par an deux sessions au chef-lieu de chaque département, en février et en août dans les départements, en mars et en octobre à Paris.

Pour être admis aux examens, l'aspirant doit être âgé de dix-huit ans. Il doit se faire inscrire, un mois avant l'ouverture de la session, à la préfecture du département où il désire passer l'examen et déposer, à l'époque de son inscription : 1° son acte de naissance dûment légalisé; 2° la déclaration écrite qu'il ne s'est présenté devant aucune autre commission d'examen dans l'intervalle des quatre mois qui précèdent la session, et qu'il ne s'est fait inscrire pour la même session dans aucun autre département : sa signature doit être légalisée par le maire de la commune où il réside. Il déclare en outre s'il veut subir l'examen complémentaire sur les matières facultatives et indique les séries sur lesquelles il demande à être interrogé.

1. Ce brevet peut être suppléé par des certificats d'admission dans les écoles spéciales (voir page 42, note 1).

Il n'existe qu'un seul brevet de capacité; toutefois les aspirants peuvent passer un examen et obtenir une mention sur les matières facultatives de l'instruction primaire.

L'examen pour le brevet simple se divise en épreuves écrites et en épreuves orales. Les épreuves écrites sont au nombre de quatre : 1° une page d'écriture; 2° une dictée d'orthographe; 3° un récit emprunté à l'histoire de France; 4° la solution raisonnée d'un ou plusieurs problèmes d'arithmétique. Ces premières épreuves décident de l'admission aux épreuves orales, qui ont lieu dans l'ordre suivant : 1° lecture du français dans un livre imprimé ou dans un manuscrit, et lecture du latin dans un psautier ou dans un livre d'offices; 2° questions sur le catéchisme et l'histoire sainte; 3° analyse d'une phrase au tableau; 4° questions d'arithmétique et de système métrique; 5° questions d'histoire et de géographie de la France.

Les aspirants déjà pourvus du brevet simple sont admis, sans retour sur les examens précédents, aux épreuves concernant l'examen facultatif pour le brevet complet[1]. Ils sont interrogés, à leur choix, sur les matières comprises dans quatre séries d'examens. Ils peuvent en conséquence subir quatre examens successifs; mais ils sont tenus de répondre sur toutes les matières de la série d'examens pour laquelle ils se présentent.

Ces examens se composent d'épreuves écrites et d'épreuves orales. Les épreuves écrites comprennent : *première série*, une question d'arithmétique et de géométrie appliquées aux opérations pratiques et un sujet de dessin linéaire et d'ornement; *deuxième série*, un récit d'histoire et de géographie; *troisième série*, un sujet de dessin d'imitation; *quatrième série*, un thème et une version dans une langue vivante[2]. Les épreuves orales comprennent : *première série*, l'arithmétique appliquée aux opérations pratiques, la tenue des livres, la géométrie, l'arpentage, le nivellement, le dessin linéaire et d'ornement et le chant; *deuxième série*, l'histoire et la géographie, les sciences physiques et naturelles, l'agriculture et l'horticulture, l'industrie, l'hygiène, la gymnastique; *troisième série*, le dessin d'imitation; *quatrième série*, les langues vivantes.

L'examen et le brevet de capacité sont gratuits.

(Lois des 15 mars 1850, 21 juin 1865 et 10 avril 1867; décret du 29 juillet 1850; arrêtés des 3 juillet 1866 et 26 décembre 1877; circulaire du 11 mars 1878.)

1. Aux termes de l'article 3 de la loi du 19 juillet 1875, l'obtention du brevet complet élève de cent francs, pour les instituteurs publics de tout ordre, les traitements minima auxquels ils ont droit d'après leur classe; mais ceux qui exercent en vertu d'un titre suppléant le brevet de capacité (p. 42, note 1) ont à subir, pour jouir de cet avantage, un examen complémentaire, dont les matières sont déterminées par un arrêté du 15 janvier 1877.

2. Les langues vivantes admises sont : l'anglais et l'allemand dans toutes les académies; l'italien et l'espagnol dans les académies d'Aix, Bordeaux, Montpellier et Toulouse, où ces langues sont enseignées; l'arabe en Algérie. (*Arrêtés des 27 mai et 10 novembre 1875.*)

CERTIFICAT D'APTITUDE AU TITRE D'INSPECTEUR DE L'INSTRUCTION PRIMAIRE.

Pour obtenir un certificat d'aptitude aux fonctions d'inspecteur de l'instruction primaire, il faut se présenter devant une commission d'examen qui se réunit tous les ans, au mois d'octobre, au chef-lieu de chaque académie. Les candidats doivent se faire inscrire, au secrétariat de leur académie, du 1er au 15 juillet. Le même certificat est exigible pour les fonctions de directeur d'école normale primaire.

Pour être admis à l'examen, il faut être âgé de vingt-cinq ans et justifier : 1° d'un brevet de capacité attestant que l'examen a porté sur toutes les matières obligatoires et facultatives de l'enseignement primaire ou du diplôme de bachelier ou autre titre équivalent; 2° de deux ans d'exercice au moins dans l'enseignement ou dans les fonctions de secrétaire d'académie ou de délégué d'un conseil départemental pour la surveillance des écoles.

L'examen se compose d'une épreuve écrite et d'une épreuve orale. L'épreuve écrite consiste en un rapport sur une affaire d'inspection. Les épreuves orales consistent en interrogations : 1° sur les devoirs de l'instituteur; 2° sur la direction et la tenue des salles d'asile; 3° sur les méthodes d'enseignement; 4° sur les plans et le mobilier des maisons d'école; 5° sur les lois, décrets et règlements concernant l'instruction primaire.

L'examen et le certificat d'aptitude sont gratuits.

(*Loi du 15 mars 1850 ; décret du 29 juillet 1850 ; ordonnance du 18 novembre 1845 ; arrêté du 16 décembre 1850.*)

CERTIFICAT D'ÉTUDES PRIMAIRES.

Le certificat d'études primaires est délivré aux élèves des écoles primaires qui ont subi avec succès, à la fin de leur cours d'études, un examen portant au moins sur l'enseignement obligatoire : instruction morale et religieuse, lecture, écriture, orthographe, calcul, système métrique, histoire et géographie de la France. Cet examen est fait par l'instituteur, en présence et avec le concours du maire et du curé, lesquels, en cas d'empêchement, peuvent déléguer, pour les suppléer, soit un membre du conseil municipal, soit un habitant notable de la commune. (*Instruction du 20 août 1866.*)

Dans chaque département le préfet, sur la proposition de l'inspecteur d'académie, et après délibération du conseil départemental de l'instruction publique, fixe par arrêté la date de la session annuelle de l'examen du certificat d'études primaires, les conditions d'admission à cet examen et la nature des épreuves dont il doit se composer. Généralement, le candidat doit être âgé de douze ans au moins et de quinze ans au plus ; et les épreuves sont de deux sortes, écrites et orales. Les épreuves écrites comprennent une dictée, qui peut servir en même temps d'épreuve d'écriture, un exercice de style (lettre ou récit), un ou plusieurs problèmes sur les quatre premières règles de l'arithmétique. Les épreuves orales portent sur l'instruction religieuse et l'histoire sainte, la lecture et la grammaire, l'arithmétique, les éléments d'histoire et de géographie de la France.

Dans le département de la Seine, une épreuve de dessin d'après le bas-relief est ajoutée aux épreuves écrites, et le candidat est interrogé, à l'examen oral, sur le dessin linéaire. Dans le même département il a été institué un examen spécial pour les élèves adultes inscrits depuis six mois dans un cours communal d'adultes, et âgés de quinze ans au moins au 1er octobre de l'année de l'examen. Cet examen se divise en deux parties : l'examen restreint, qui porte sur la lecture, l'écriture, les éléments de la langue française, le calcul et le système métrique; l'examen complémentaire, qui comprend les applications de l'arithmétique à la comptabilité, les éléments de géométrie, des notions de sciences physiques et d'histoire naturelle applicables aux usages de la vie, la géographie commerciale et industrielle, les langues vivantes dans leurs usages commerciaux.

INSTRUCTION SECONDAIRE.

TITRE D'AGRÉGÉ DE LYCÉE.

Le titre d'agrégé de lycée, exigible pour être nommé professeur titulaire, s'obtient à la suite de concours publics, qui ont lieu ordinairement à Paris tous les ans, dans la seconde quinzaine d'août.

Le titre d'agrégé ou d'admissible à l'agrégation donne lieu à un supplément de traitement dans les lycées et collèges des départements.

Il existe deux sections distinctes d'agrégation pour les lycées : 1° l'agrégation de l'enseignement classique; 2° l'agrégation de l'enseignement spécial.

Agrégation de l'enseignement classique.

Il y a huit ordres d'agrégation de l'enseignement classique : 1° l'agrégation des classes de Philosophie; 2° celle des classes supérieures des Lettres; 3° celle des classes d'Histoire et de Géographie; 4° celle des classes de Grammaire; 5° celle des classes de Langues vivantes; 6° celle des classes de Sciences mathématiques; 7° celle des classes de Sciences physiques; 8° celle des classes de Sciences naturelles.

Conditions requises pour concourir. — Les candidats à l'agrégation de l'enseignement classique doivent se faire inscrire, au moins deux mois avant le jour de l'ouverture des concours, au secrétariat de l'académie dans le ressort de laquelle ils résident. Ceux qui sont admis à prendre part aux épreuves sont avertis quinze jours au moins avant l'ouverture des concours.

Pour être admis aux concours, les candidats doivent justifier qu'ils sont pourvus de grades universitaires, différents selon l'ordre d'agrégation auquel ils se destinent. Les grades exigés sont : 1° pour la philosophie, le diplôme de licencié ès lettres (p. 25) et un des diplômes de bachelier ès sciences (p. 26 et 27); 2° pour les classes supérieures des lettres, le diplôme de licencié ès lettres (p. 25); 3° pour l'histoire et la géographie, le diplôme de licencié ès lettres (p. 25); 4° pour les classes de grammaire, le diplôme de licencié ès lettres (p. 25); 5° pour les langues vivantes, le diplôme de licencié ès lettres (p. 25) ou le certificat d'aptitude à l'enseignement des langues vivantes (p. 19); 6° pour les sciences mathématiques, le diplôme de licencié ès sciences mathématiques et celui de licencié ès sciences physiques (p. 28); 7° pour les sciences physiques, le diplôme de licencié ès sciences mathématiques et celui de licencié ès sciences physiques (p. 28)[1]; 8° pour les sciences naturelles, le diplôme de licencié ès sciences physiques et celui de licencié ès sciences naturelles (p. 28).

Les candidats doivent justifier, en outre, d'un temps de stage dans un établissement d'instruction secondaire. La durée de ce stage est de trois ans pour ceux qui justifient d'un stage dans l'enseignement public, et de quatre ans pour ceux dont le stage est fait dans l'enseignement libre. La justification de ce stage a lieu : pour les années passées dans les établissements publics, par un état de services visé du recteur; pour les années passées dans les établissements libres : 1° par une attestation du recteur qu'à son entrée en fonctions dans l'établissement le candidat en a fait la déclaration écrite au chef-lieu de l'académie; 2° par des certificats du chef de l'établissement, à lui délivrés à la fin de chaque année scolaire, visés du recteur, et attestant qu'il a fait la classe sans interruption.

Le diplôme de docteur ès lettres (p. 26) ou de docteur ès sciences (p. 29) compte pour deux années de stage. Les anciens élèves de l'école des chartes, pourvus du diplôme d'archiviste paléographe et de celui de licencié ès lettres, sont admis à se présenter au concours d'histoire et de géographie après deux années d'enseignement. Les élèves de l'École normale supérieure qui ont suivi avec succès le cours triennal des études sont autorisés à se présenter aux concours sans avoir à justifier d'un stage. La même autorisation est accordée, pour les agrégations des sciences, aux élèves de l'école polytechnique jugés admissibles dans les services publics et pourvus des grades exigés.

Les candidats doivent en outre remettre un *curriculum vitæ*, écrit en entier et signé par eux, dans lequel ils font connaître leurs antécédents, le culte auquel ils appartiennent, l'établissement ou les établissements auxquels ils ont été attachés, soit comme élèves, soit comme professeurs,

---

1. Les docteurs ès sciences physiques (p. 29), s'ils sont licenciés ès sciences naturelles, et les docteurs ès sciences naturelles (p. 29), s'ils sont licenciés ès sciences physiques, peuvent être dispensés, pour l'agrégation des sciences physiques, de produire le diplôme de licencié ès sciences mathématiques.

les fonctions diverses qu'ils ont remplies, celles qu'ils exercent et depuis quand ils les exercent, et enfin les épreuves d'agrégation qu'ils se proposent de subir.

Les épreuves des divers ordres d'agrégation de l'enseignement classique sont de deux sortes : les épreuves préparatoires et les épreuves définitives.

Les épreuves préparatoires consistent en compositions écrites. Elles ont lieu à Paris, sous la surveillance d'un des membres du jury, et hors de Paris, au chef-lieu académique, sous la surveillance du recteur ou de l'inspecteur d'académie délégué.

Le jury d'examen dresse, d'après le résultat des épreuves préparatoires, la liste des candidats qui sont admis à prendre part aux épreuves définitives, qui sont subies, soit au chef-lieu de l'académie de Paris, soit au chef-lieu d'une autre académie désignée par le ministre. Elles consistent en corrections de devoirs d'élèves, en argumentations et explications de textes, en leçons et en épreuves pratiques.

Agrégation des classes de Philosophie. — Comme épreuves préparatoires de l'agrégation des classes de Philosophie, les candidats font deux dissertations, l'une sur une question de philosophie, l'autre sur une question d'histoire de la philosophie.

Les épreuves définitives sont au nombre de trois. Pour première épreuve, chaque candidat explique et commente un texte d'un philosophe grec, d'un philosophe latin et d'un philosophe français; ces textes sont tirés au sort parmi les auteurs indiqués par le ministre six mois au moins avant le concours [1]. Pour seconde épreuve, il soutient une thèse sur un sujet d'histoire de la philosophie, tiré au sort parmi les questions que le ministre a indiquées d'avance [2]. Pour troisième épreuve, il fait une leçon sur un sujet de philosophie pris dans le programme d'enseignement des lycées.

Agrégation des classes supérieures des Lettres. — Comme épreuves préparatoires de l'agrégation des classes supérieures des Lettres, les candidats font une version latine, une pièce de vers latins, un thème grec, une composition latine et une composition française; ils font, en outre, une version de langue vivante, en choisissant la langue qui leur convient.

Les épreuves définitives sont au nombre de trois. Pour la première épreuve, chaque candidat corrige un devoir tiré au sort parmi les com-

1. Auteurs désignés pour le concours de 1870 : 1° Platon : *Phédon;* 2° Aristote : *Métaphysique,* liv. VIII; *Traité de l'âme,* livre I⁰ʳ; 3° Cicéron : *Académiques;* 4° Descartes : *Première et deuxième Méditations;* 5° Leibniz : *Nouveaux Essais,* livre IV, les onze premiers chapitres.

2. Sujets de thèses indiqués pour le concours de 1870 : 1° Philosophie d'Anaxagore; 2° Philosophie de Démocrite; 3° Philosophie d'Empédocle; 4° Théorie de Platon sur le Mal et son origine; 5° Théorie d'Aristote sur la Démonstration; 6° Théorie d'Aristote sur l'Amitié; 7° Théorie des trois hypostases de Plotin; 8° Morale de Leibniz; 9° Critique de la philosophie de Spinosa, par Leibniz.

positions des classes d'humanités des lycées. Pour la seconde épreuve, il explique et traduit à livre ouvert un texte grec et un texte latin, et commente un texte français; ces textes sont tirés au sort parmi les auteurs indiqués par le ministre six mois au moins avant le concours[1]. Pour troisième épreuve, il fait une leçon sur un sujet de littérature classique tiré au sort.

Agrégation des classes d'Histoire et de Géographie. — Comme épreuves préparatoires de l'agrégation d'Histoire et de Géographie, les candidats traitent par écrit : 1° une question d'histoire ancienne, grecque ou romaine; 2° une question d'histoire du moyen âge ; 3° une question d'histoire moderne ; 4° une question de géographie : les sujets de ces compositions sont choisis dans le programme des lycées.

Les épreuves définitives sont au nombre de quatre. Pour première épreuve, chaque candidat explique et commente un texte pris dans un historien grec, latin ou français; ces textes sont tirés au sort parmi les historiens indiqués par le ministre six mois au moins avant le concours[2]. Pour deuxième épreuve, il corrige une composition tirée au sort parmi les compositions d'histoire faites dans les classes de seconde ou de rhétorique des lycées. Pour troisième épreuve, il soutient une thèse sur un sujet d'histoire, tiré au sort parmi les questions que le ministre a indiquées d'avance[3]. Pour quatrième épreuve, il fait : 1° une leçon d'histoire sur un sujet pris dans le programme de l'enseignement des lycées et tiré au sort;

1. Auteurs désignés pour le concours de 1879 : *Auteurs grecs :* 1° Homère : *Odyssée,* ch. IX; 2° Pindare : *Pythique* 8; *Néméennes* 6 et 7; 3° Sophocle : *Électre ;* 4° Théocrite : *Idylles* 6, 7, 11; 5° Thucydide : *Discours* du livre VI ; 6° Démosthène : *Discours sur la loi de Leptine;* 7° Aristote : *Rhétorique,* liv. II, ch. 1-17.— *Auteurs latins :* 1° Plaute : *Trinummus;* 2° Lucrèce : *De Natura rerum,* liv. V, depuis le vers 777 jusqu'à la fin; 3° Virgile : *les Bucoliques;* 4° Horace : Second livre des *Odes ;* 5° Cicéron : *De Oratore,* livre II, ch. 1-53; 6° Tacite : *Annales ,* liv. Ier; *Dialogue sur les orateurs;* 7° Pline : *Lettres,* livre III. — *Auteurs français :* 1° la *Chanson de Roland* (édition classique de L. Gautier) ; 2° Corneille : *Cinna; Rodogune;* 3° Racine : *Andromaque;* 4° Molière : *Don Juan ;* 5° Amyot : *Vies de Thémistocle et de Camille;* 6° Pascal : *Pensées,* articles 1-8 (édition Havet); 7° Bossuet : *Oraison funèbre d'Henriette de France;* Sermons sur *la Providence,* sur *l'amour des plaisirs;* 8° La Bruyère : *De la Chaire.*
2. Textes désignés pour le concours de 1879 : *Auteurs grecs :* 1° Diodore de Sicile : *Bibliotheca historica,* liv. V, les 70 premiers chapitres; 2° Plutarque : *Vie de Numa.—Auteurs latins :* 1° Pline l'Ancien : *Histoire naturelle,* liv. III; 2° Tite-Live : *Histoires,* liv. Ier, les 43 premiers chapitres (édition Weissenborn, dans la collection Weidmann); Cf les *Emendationes Livianæ* de Madvig.—*Auteurs français :* 1° Voltaire : *Siècle de Louis XIV,* chap. XXXI, XXXII, XXXIII, XXXIV; 2° Montesquieu : *Considérations sur les causes de la grandeur des Romains et de leur décadence,* chap. XVII à XXII inclusivement.
3. Sujets de thèses indiqués pour le concours de 1879 : 1° Étudier dans Thucydide et les autres documents de l'antiquité l'état des institutions d'Athènes à l'époque de la guerre du Péloponèse; Gouvernement : l'assemblée, le sénat, les archontes, les stratèges, les orateurs, *etc.*; Charges imposées aux citoyens, et ressources de la république : les revenus, l'armée, la marine, les constructions, le culte, le théâtre, les fêtes; Condition des personnes : hommes libres, métèques, étrangers, esclaves, clérouques, tributaires; 2° Institutions judiciaires sous Phi-

2° une leçon de géographie historique ou de géographie comparée sur un sujet tiré au sort.

Agrégation des classes de Grammaire. — Comme épreuves préparatoires de l'agrégation de Grammaire, les candidats font un thème latin, une version latine, une pièce de vers latins, un thème grec, une version grecque, une composition française sur une question de grammaire ou de critique philologique.

Les épreuves définitives sont au nombre de deux. Pour première épreuve, chaque candidat corrige un devoir grec ou latin et un devoir d'histoire ou de géographie choisis parmi les compositions du concours général appartenant aux classes de grammaire; après la correction du devoir d'histoire ou de géographie, il fait une leçon sur le sujet traité dans ce devoir. Pour deuxième épreuve, il explique et traduit à livre ouvert un texte grec et un texte latin, et commente un texte français; ces textes sont tirés au sort parmi les auteurs désignés par le ministre six mois au moins avant le concours[1].

Agrégation des Langues vivantes. — Comme épreuves préparatoires de l'agrégation des Langues vivantes, les candidats font quatre compositions : la première consiste à traduire un texte français en allemand, en anglais, en italien ou en espagnol, suivant la langue choisie par eux; la seconde, à traduire en français un texte d'une de ces langues; la troisième, à traiter en langue étrangère un sujet donné; la quatrième, à traiter en français un

---

lippe le Bel; parlement et états généraux; industrie et commerce sous le même règne. (Consulter particulièrement, outre le Recueil des ordonnances et les *Olim* : Boutaric, *la France sous Philippe le Bel*, in-8°, 1861; Plon, éditeur; Hervieu, *Recherches sur les premiers états généraux et les assemblées représentatives pendant la première moitié du quatorzième siècle*, dans la Revue de législation, etc., années 1873-1876; Thorin, éditeur; *Bibliothèque de l'école des Chartes*, passim); 3° Industrie, commerce, agriculture, voies de communication pendant le règne de Henri IV; Lettres et arts durant la même période. (*Lettres missives de Henri IV*, dans la Collection des documents inédits; *Économies royales*, de Sully; Poirson, *Histoire du règne de Henri IV*, 4 vol. in-8° ou in-12; Didier, éditeur.)

1. Textes désignés pour le concours de 1879 : *Auteurs grecs* : 1° Homère : *Odyssée*, livre III (édition Pierron); 2° Sophocle : *les Trachiniennes* (édition Tournier); 3° Euripide : *Médée* (édition Weil); 4° Xénophon : *Économiques*, du chap. Ier au chap. XI inclusivement (édition Graux); 5° Thucydide : *Histoire grecque*, livre IV (édition Popps, revue par Stahl, collection Teubner ou édition Classen, collection Weidmann); 6° Démosthène : *la Leptinienne* (édition Weil). — *Auteurs latins* : 1° Plaute : *Trinummus* (Morceaux choisis de Plaute, par M. E. Benoist); 2° Virgile : *Énéide*, livre V (édition E. Benoist); 3° Horace : *Satires*, liv. Ier (édition L. Müller); 4° Salluste : *Jugurtha* (édition Jordan); 5° Cicéron : Ire *Tusculane* (édition Kayser et Baiten, collection Bernard-Tauchnitz); 6° Quintilien : *De Institutione oratoria*, livre Ier (édition Halm ou édition Bonnell, collection Teubner). — *Auteurs français* : 1° la Chanson de Roland, les vingt-cinq premières pages (édition classique de Léon Gautier); 2° Montaigne : *Essais*, livre Ier, chap. 1-10 inclusivement; 3° Fénelon : *Lettre à l'Académie* (édition L. Grenier); 4° Corneille : *Horace* (édition Marty-Laveaux); 5° La Fontaine : *Fables*, liv. I et II (édition L. Moland ou édition Ch. Aubertin); 6° Boileau : *Art poétique* (édition Gidel); — Grammaire grecque, latine et française.

sujet tiré d'un des auteurs désignés par le ministre pour les classes de langues vivantes.

Les épreuves définitives sont au nombre de deux. La première épreuve consiste dans l'explication, à livre ouvert, d'un passage tiré au sort parmi les auteurs classiques allemands, anglais, italiens ou espagnols indiqués par le ministre six mois au moins avant le concours[1]. La seconde épreuve consiste en deux leçons sur une question générale de grammaire et de littérature allemande, anglaise, italienne ou espagnole ; une de ces leçons est faite en français, l'autre dans la langue étrangère choisie par le candidat.

Ces dispositions sont applicables aux candidats qui voudraient concourir pour la langue arabe (dialecte algérien).

Agrégation des Sciences mathématiques. — Comme épreuves préparatoires de l'agrégation des Sciences mathématiques, les candidats font trois compositions : 1° en mathématiques spéciales; 2° en mathématiques élémentaires et en mécanique ; 3° sur certaines parties, désignées chaque année, du programme de la licence ès sciences mathématiques : cette dernière composition comprend l'exposition d'une théorie de calcul différentiel et intégral ou de mécanique, avec une application[2].

Les épreuves définitives consistent en deux leçons orales, une composi-

1. Auteurs désignés pour les concours de 1879 : I. *Agrégation de la langue anglaise* : 1° Shakspeare : *Measure for measure;* 2° Lord Bacon : *Essays;* 3° Milton : *Paradise lost*, books V, VI; 4° Dryden : *Essay on Dramatic;* 5° S. Johnson : *Lives of the Poets.*

II. *Agrégation de la langue allemande : Auteurs allemands :* 1° Klopstock : *le Messie,* ch. IV et V; 2° Lessing: *le Laocoon;* 3° Herder : *Esprit de la poésie hébraïque;* 4° Schiller : *Guillaume Tell;* 5° Gœthe : *Gœtz de Berlichingen,* le premier *Faust;* 6° Henri Heine : *Buch der Lieder; Reisebilder;* 7° Uhland : *Gedichte.* — *Auteurs français :* 1° Bossuet : *Sermon sur la Providence;* 2° partie du *Discours sur l'Histoire universelle;* 3° Fénelon : *Existence de Dieu;* 4° Molière : *l'Avare, Don Juan;* 5° M°° de Staël : *De l'Allemagne;* 6° Saint-Marc Girardin : *Littérature dramatique,* t. I et II.

2. Cette composition portera, en 1879, sur les parties suivantes du programme de la licence :

I. Relations entre les rayons de courbure de diverses lignes tracées sur une surface et passant par un même point. — Sections normales principales. — Rayons de courbure principaux. — Ombilics. — Lignes asymptotiques, lignes de courbure.

II. Intégration des différentielles rationnelles. — Détermination de l'intégrale $\int f(x, y) dx$, $f(x, y)$ étant une fonction rationnelle de deux coordonnées x et y des points d'une courbe unicursale. — Cas où la courbe est du second degré. — Différentielles binômes. — Réduction des intégrales $\int f(x, y) dx$, $f(x,y)$ désignant une fonction rationnelle de x et de y, et y la racine carrée d'une fonction entière de x. — Cas où la fonction entière est du 3° ou 4° degré. — Intégrales elliptiques.

III. Équations aux dérivées partielles du premier ordre et linéaires.

IV. *Cinématique.* Mouvement d'un corps solide autour d'un point fixe. — Représentation du mouvement par le roulement d'un cône mobile sur un cône fixe.

V. Pendule dans le vide et dans un milieu résistant. — Pendule conique.

VI. Principe des aires. — Lois de Képler. — Attraction universelle. — Mouvement d'un point matériel sollicité par une force dirigée vers un centre fixe. — Mouvement des planètes autour du soleil.

tion et une épreuve pratique. La première leçon porte sur les mathématiques élémentaires; la seconde, sur les mathématiques spéciales. L'épreuve de la composition porte sur un sujet pris dans les matières de la licence ès sciences mathématiques. L'épreuve pratique consiste en une ou plusieurs opérations de mathématiques appliquées.

Agrégation des Sciences physiques.—Comme épreuves préparatoires de l'agrégation des Sciences physiques, les candidats font quatre compositions : 1° sur la physique; 2° sur la chimie; 3° sur l'histoire naturelle; 4° sur une question de méthode et d'histoire des sciences physiques (physique et chimie) : les sujets de composition sont pris dans le programme des lycées.

Les épreuves définitives consistent en deux leçons orales, une composition et une épreuve pratique. La première leçon est faite sur une question de physique; la seconde, sur une question de chimie. La composition porte sur les matières les plus élevées de la physique contenues au programme de la licence. L'épreuve pratique consiste en une ou plusieurs opérations de physique et de chimie.

Agrégation des Sciences naturelles.— Comme épreuves préparatoires de l'agrégation des Sciences naturelles, les candidats font quatre compositions : 1° sur la zoologie; 2° sur la botanique; 3° sur la géologie et la paléontologie; 4° sur une question de méthode et d'histoire des sciences naturelles : le sujet de ces compositions est choisi dans le programme de la licence ès sciences naturelles.

Les épreuves définitives consistent en trois leçons et une épreuve pratique. La première leçon porte sur une question de zoologie; la seconde, sur une question de botanique; la troisième, sur une question de géologie et de paléontologie. L'épreuve pratique consiste : 1° en une préparation d'anatomie animale et végétale avec emploi du microscope; 2° en une détermination d'échantillon des trois règnes, avec emploi des instruments nécessaires.

Agrégation de l'enseignement spécial.

Il y a deux ordres d'agrégation de l'enseignement spécial : 1° l'agrégation des classes littéraires et des Sciences économiques; 2° celle des classes des Sciences appliquées.

Conditions requises pour concourir. — Les candidats à l'agrégation de l'enseignement spécial doivent se faire inscrire, au moins deux mois avant le jour d'ouverture des concours, au secrétariat de l'académie dans laquelle ils résident. Ceux qui sont admis à prendre part aux épreuves sont avertis quinze jours au moins avant l'ouverture des concours.

Pour être admis aux concours, les candidats doivent justifier du brevet de capacité de l'enseignement secondaire spécial (p. 22). Sont dispensés du brevet de capacité les candidats pourvus d'un diplôme de licence

(p. 25 et p. 28) ; les anciens élèves de l'école polytechnique jugés admissibles dans les services publics ; les anciens élèves de l'école centrale munis du diplôme ; les anciens élèves libres de l'école des ponts et chaussées ou de l'école des mines pourvus du diplôme délivré par ces écoles.

Les candidats doivent justifier, en outre, d'un temps de stage dans un établissement d'instruction secondaire. La durée de ce stage est de trois ans pour ceux qui justifient d'un stage dans l'enseignement public et de quatre ans pour ceux dont le stage est fait dans l'enseignement libre. La justification de ce stage a lieu : pour les années passées dans les établissements publics, par un état de services visé du recteur ; pour les années passées dans les établissements libres : 1° par une attestation du recteur qu'à son entrée en fonctions dans l'établissement le candidat en a fait la déclaration écrite au chef-lieu de l'académie ; 2° par des certificats du chef de l'établissement, à lui délivrés à la fin de chaque année scolaire, visés du recteur, et attestant qu'il a fait la classe sans interruption.

Sont exempts du stage : 1° les élèves de l'école normale d'enseignement spécial de Cluny qui ont fait une troisième année dans ladite école ; 2° les licenciés ; 3° les anciens élèves de l'école centrale des arts et manufactures munis du diplôme ; 4° les anciens élèves libres de l'école des ponts et chaussées ou de l'école des mines pourvus du diplôme délivré par ces écoles. Les élèves de l'école polytechnique jugés admissibles dans les services publics sont également exemptés du stage pour le concours des classes scientifiques. Les deux années passées à l'école normale de Cluny comptent pour autant d'années de stage. Le diplôme de docteur ès lettres (p. 26) ou de docteur ès sciences (p. 29) compte également pour deux années de stage. Les anciens élèves de l'école des chartes, licenciés ès lettres, pourvus du diplôme d'archiviste paléographe, peuvent se présenter au concours des classes littéraires après deux années d'enseignement.

Les candidats doivent remettre en outre un *curriculum vitæ*, comme les candidats à l'agrégation de l'enseignement classique (p. 11).

Les épreuves des deux ordres d'agrégation de l'enseignement spécial sont de deux sortes : les épreuves préparatoires et les épreuves définitives. Le jury d'examen dresse, d'après le résultat des épreuves préparatoires, la liste des candidats qui sont admis à prendre part aux épreuves définitives.

Les épreuves préparatoires consistent en compositions écrites. Les épreuves ont lieu à Paris, sous la surveillance d'un des membres du jury, et hors de Paris, au chef-lieu académique, sous la surveillance du recteur ou de l'inspecteur d'académie délégué.

Les épreuves définitives sont subies, soit au chef-lieu de l'académie de Paris, soit au chef-lieu d'une autre académie désignée par le ministre. Elles consistent en corrections de devoirs d'élèves, en argumentations et explications de textes, en leçons et en épreuves pratiques.

Les candidats pourvus d'un diplôme de docteur en droit (p. 37), ès lettres (p. 26) ou ès sciences (p. 29), les anciens élèves de l'École normale supérieure, les élèves de l'école polytechnique admis dans les services publics, les anciens élèves de l'école centrale munis du diplôme, les anciens élèves libres de l'école des ponts et chaussées et de l'école des mines pourvus du diplôme délivré par ces écoles, sont admis de droit aux épreuves définitives, mais ne sont pas dispensés des épreuves préparatoires.

Agrégation des Classes littéraires et des Sciences économiques.— Comme épreuves préparatoires de l'agrégation des Classes littéraires et des Sciences économiques, les candidats font trois compositions : 1° sur un sujet de morale ou de littérature ; 2° sur un sujet d'histoire ou de géographie ; 3° sur un sujet de législation usuelle ou d'économie commerciale, industrielle ou agricole.

Les épreuves définitives se divisent en deux parties. La première partie se partage en deux séries, au choix du candidat. La première série, qui comprend la littérature française et la législation usuelle, se compose : 1° de la correction d'un devoir sur la littérature, la morale, l'histoire ou la législation civile ; 2° d'une lecture, d'une analyse et d'un commentaire d'un passage tiré au sort parmi les auteurs désignés par le ministre six mois avant l'ouverture du concours [1] ; 3° d'un tracé, au tableau, de la carte d'une contrée désignée par le jury, avec des explications orales sur la géographie physique et politique de cette contrée. La deuxième série, qui comprend les sciences économiques, se compose : 1° de la correction d'un devoir sur la législation commerciale, industrielle ou agricole ; 2° de l'analyse et de la discussion des statuts d'une institution de crédit ou d'un établissement financier ; 3° d'un exercice de comptabilité par écrit.

La seconde partie des épreuves consiste en leçons : 1° sur la grammaire, la littérature française ou la morale ; 2° sur l'histoire ou la géographie ; 3° au choix du candidat, sur la législation usuelle ou sur l'économie commerciale, industrielle ou agricole.

Agrégation des classes des Sciences appliquées.—Comme épreuves préparatoires de l'agrégation des classes des Sciences appliquées, les candidats font : 1° pour les sciences mathématiques, une composition d'algèbre ou de trigonométrie, une composition de géométrie descriptive et une composition de mécanique ; 2° pour les sciences physiques ou naturelles, une composition de physique, une composition de chimie, une composition d'histoire naturelle.

Les épreuves définitives se divisent en deux parties. La première partie se partage en deux séries, au choix du candidat. La première série, qui comprend les sciences mathématiques, se compose : 1° d'une épure de géométrie descriptive appliquée ; 2° d'un levé de plan d'après des mesures prises sur le terrain, avec emploi des formules de trigonométrie dans les opérations ; 3° d'un dessin de machine d'après des croquis pris dans une usine. La deuxième série, qui comprend les sciences physiques,

1. Matières désignées pour le concours de 1879 : 1° *Littérature française* : le dix-huitième siècle (1715-1789) ; 2° *Histoire* : le moyen âge (395-1453) ; 3° *Géographie* : l'Asie, l'Afrique, l'Amérique et l'Océanie ; 4° *Législation* : les obligations en général et en particulier les contrats (Code civil, art. 1101 - 1387, 1582 - 2092) ; 5° *Économie politique* : la production et la consommation des richesses.

2.

se compose : 1° d'une expérience de physique; 2° d'une manipulation de chimie; 3° de la détermination de roches, minéraux, animaux ou plantes choisis parmi les espèces connues de la France, et d'une préparation d'histoire naturelle.

La seconde partie consiste en trois leçons qui portent, au choix du candidat, sur les sciences mathématiques appliquées ou sur les sciences physiques appliquées. Pour les sciences mathématiques appliquées, la première leçon porte sur l'algèbre et la trigonométrie et leurs applications; la seconde, sur la géométrie descriptive et ses applications; la troisième, sur la mécanique et ses applications. Pour les sciences physiques, chimiques et naturelles appliquées, la première leçon porte sur la physique et ses applications; la seconde, sur la chimie et ses applications; la troisième, sur l'histoire naturelle et ses applications.

> (*Décret des* 10 *février* 1869 *et* 30 *décembre* 1873; *arrêtés des* 27 *février* 1869, 3 *mars* 1870, 15 *décembre* 1874, 16 *juillet et* 17 *novembre* 1875 *et* 19 *décembre* 1878.)

CERTIFICAT D'APTITUDE A L'ENSEIGNEMENT DES LANGUES VIVANTES.

Le certificat d'aptitude à l'enseignement des langues vivantes s'obtient à la suite d'examens publics, qui ont ordinairement lieu à Paris tous les ans, dans la seconde quinzaine d'août, lorsque les besoins du service l'exigent.

Les candidats doivent se faire inscrire, deux mois avant le jour de l'ouverture des examens, au secrétariat de l'académie dans laquelle ils résident. La liste des candidats admis aux examens est arrêtée par le ministre.

Chaque candidat doit produire : 1° un acte de naissance constatant qu'il est âgé d'au moins vingt et un ans; 2° le diplôme de bachelier ès lettres (p. 23) ou un diplôme d'une université étrangère reconnu équivalent. Il doit remettre en outre un *curriculum vitæ*, analogue à celui demandé aux candidats à l'agrégation (p. 11).

Comme épreuves préparatoires, les candidats traduisent : 1° un texte français en langue étrangère; 2° un texte étranger en langue française, suivant l'enseignement auquel ils se destinent.

Les épreuves définitives sont orales et publiques; elles sont au nombre de trois.

Pour première épreuve définitive, chaque candidat doit corriger un devoir d'élève pris dans les classes supérieures des lycées; mais, dans la pratique, cette épreuve consiste le plus ordinairement en une conversation, dans la langue pour l'enseignement de laquelle le candidat se présente, sur l'histoire et la littérature anglaise, allemande, espagnole ou italienne.

Pour seconde épreuve définitive, chaque candidat doit traduire, à livre ouvert, un passage tiré au sort dans les auteurs en langue étrangère désignés d'avance par le ministre [1]. Il fait en outre la traduction, à livre ouvert, d'un texte français en langue étrangère, et fait suivre son explication des remarques nécessaires pour la parfaite intelligence du texte. Ces remarques sont faites alternativement en langue française et en langue étrangère.

Pour troisième épreuve définitive, chaque candidat fait une leçon sur une question de grammaire de la langue qu'il se propose d'enseigner. Les sujets sont choisis par le jury et tirés au sort par le candidat.

Les candidats peuvent se faire inscrire pour les deux langues anglaise et allemande : dans ce cas, ils sont admis à subir une double épreuve préparatoire. Après l'examen des compositions, le jury décide s'il y a lieu de les admettre à poursuivre les épreuves définitives des deux langues, ou s'ils doivent se borner à l'enseignement d'une seule.

(Arrêtés des 2 novembre 1841, 27 décembre 1855, 27 juillet 1860 et 5 février 1864 ; circulaire du 8 août 1860.)

CERTIFICAT D'EXAMEN DE GRAMMAIRE.

L'examen dit de grammaire, subi à la fin de la classe de quatrième des lycées, porte sur les matières qui font partie de l'enseignement de cette classe. Il peut être aussi l'objet d'un examen particulier et donne lieu à l'obtention d'un certificat d'aptitude délivré par le recteur. Ce certificat est exigé des étudiants qui désirent se faire inscrire dans les facultés de droit pour obtenir le certificat de capacité en droit, ou dans les facultés de médecine, les écoles supérieures de pharmacie, les écoles de plein exercice et les écoles préparatoires de médecine et de pharmacie, pour obtenir le titre d'officier de santé ou le diplôme de pharmacien de deuxième classe. La présentation de ce certificat donne un avantage aux candidats aux écoles vétérinaires et est exigée des candidats aux bourses militaires de ces mêmes écoles.

Les jeunes gens qui n'ont pas subi cet examen lors de leurs études classiques peuvent le subir, en se présentant devant un jury spécial, qui se réunit deux fois par an, dans les cinq premiers jours de juillet et dans les premiers jours de novembre, au chef-lieu de chaque académie. Une session extraordinaire peut avoir lieu en janvier, lorsque l'intérêt du service paraît l'exiger.

Cet examen se compose : 1º d'une version latine, de la force de la classe de quatrième des lycées; 2º de l'explication d'un texte choisi parmi les

1. Auteurs désignés pour le concours de 1879 :

Langue anglaise. — 1º Shakspeare : *Henri IV*, 1re et 2e parties ; 2º Dickens : *David Copperfield*.

Langue allemande. — 1º Lessing : *la Dramaturgie*; 2º Gœthe : *les Élégies*; 3º Schiller : *Wallenstein*.

Langue espagnole.— 1º Ercilla : *l'Araucana*, chants 1 à 20 ; 2º Mendoza, *la Guerre de Grenade*.

Langue italienne.— 1º Dante : *le Purgatoire*, chants 1 à 20 ; 2º Machiavel, *discours sur la 1re décade de Tite-Live*.

auteurs français, latins et grecs et les auteurs d'une langue vivante[1], vus et expliqués dans la classe de quatrième; 3° d'interrogations sur les grammaires de ces langues; 4° de questions sur l'histoire romaine et la géographie de la France; 5° d'interrogations sur le calcul numérique et la géométrie élémentaire, d'après les programmes d'enseignement des lycées.

Le candidat refusé ne peut se présenter avant trois mois à un nouvel examen, sous peine de nullité du certificat obtenu.

(*Décrets des* 10 *avril* 1852 *et* 12 *septembre* 1873; *arrêtés des* 23 *juillet* 1874 *et* 27 *février* 1875; *circulaire du* 2 *décembre* 1876.)

DIPLOME D'ÉTUDES DE L'ENSEIGNEMENT SECONDAIRE SPÉCIAL.

Le diplôme d'études de l'enseignement secondaire spécial est délivré aux élèves qui subissent un examen sur les matières de cet enseignement.

Cet examen est passé devant un jury qui est institué à cet effet au chef-lieu de chaque académie, où il se réunit ordinairement deux fois par an, aux mois d'août et d'octobre ou de novembre, et où les candidats peuvent se faire inscrire.

L'examen se compose d'épreuves écrites et d'épreuves orales.

L'épreuve écrite comprend trois compositions : une composition française; une composition de mathématiques; une composition de physique et de chimie.

L'épreuve orale porte sur les matières suivantes : 1° *Partie scientifique* : mathématiques, cosmographie, mécanique, physique, chimie, histoire naturelle, comptabilité, tenue de livres, dessin linéaire, suivant les programmes officiels des cours de l'enseignement secondaire spécial; 2° *Partie littéraire* : histoire, géographie, littérature, morale, suivant un programme spécial déterminé par arrêté ministériel. Le candidat peut être, en outre, interrogé, s'il en fait la demande, sur les langues vivantes[2], sur les notions usuelles de législation, d'économie industrielle et rurale et d'hygiène, et sur le dessin d'ornement et d'imitation. Mention est faite, sur le diplôme, des épreuves facultatives subies avec succès.

Les jeunes filles ont également le droit de se présenter à ces examens pour obtenir le diplôme; celles qui se présentent devant le jury de l'académie de Paris peuvent demander que leur examen porte sur les programmes de l'association des cours de la Sorbonne.

Les droits d'examen et de diplôme sont de 25 francs. Ce diplôme est valable pour l'admission au volontariat d'un an.

(*Lois des* 21 *juin* 1865 *et* 27 *juillet* 1872; *décret du* 12 *août* 1867; *arrêtés des* 6 *mars et* 2 *juin* 1866, 18 *janvier* 1869, 20 *juillet* 1872 *et* 20 *décembre* 1878; *circulaires des* 22 *mai et* 17 *décembre* 1875.)

1. Les candidats au certificat d'examen de grammaire qui se destinent aux études médicales ou pharmaceutiques ne seront pas interrogés sur les langues vivantes jusqu'à nouvel ordre (*Circulaire du* 10 *janvier* 1879).

2. Voir la note 2 de la page 8.

BREVET DE CAPACITÉ DE L'ENSEIGNEMENT SECONDAIRE CLASSIQUE.

Pour obtenir le brevet de capacité de l'enseignement secondaire classique, qui dispense les chefs d'établissements libres d'enseignement secondaire classique de produire le diplôme de bachelier, il faut passer un examen devant un jury, qui se réunit, dans chaque département, aux mois de janvier, avril, juillet et octobre, lorsqu'il se présente des candidats.

Les candidats doivent se faire inscrire au secrétariat de l'inspection académique, dans la semaine qui précède l'ouverture de la session. Ils ne peuvent être admis à subir l'examen avant l'âge de vingt-cinq ans. Les pièces à produire sont : 1° l'acte de naissance ; 2° un certificat d'individualité.

Les examens ont lieu d'après le programme des matières qui forment l'objet de l'examen du baccalauréat ès lettres (p. 23).

L'examen et le brevet de capacité sont gratuits.

(*Loi du 15 mars 1850 ; décret du 29 juillet 1850 ; circulaire du 31 août 1850.*)

BREVET DE CAPACITÉ DE L'ENSEIGNEMENT SECONDAIRE SPÉCIAL.

Pour obtenir le brevet de capacité de l'enseignement secondaire spécial, qui dispense les chefs d'établissements libres d'enseignement secondaire spécial de produire un diplôme de bachelier, il faut passer un examen devant un jury, qui se réunit ordinairement, aux mois d'août et de novembre, au chef-lieu de chaque académie, où l'on s'inscrit.

Les candidats ne peuvent être admis à subir l'examen avant l'âge de dix-huit ans. Les pièces à produire sont : 1° l'acte de naissance; 2° un certificat d'individualité.

Il existe deux séries de brevets de capacité de l'enseignement secondaire spécial : 1° le brevet de capacité de l'enseignement secondaire spécial scientifique; 2° le brevet de capacité de l'enseignement secondaire spécial littéraire.

L'examen se compose, pour les deux séries de brevets, d'épreuves écrites et d'épreuves orales.

Les épreuves écrites du brevet de capacité scientifique sont : 1° une composition française ; 2° une composition de mathématiques; 3° une composition de physique et chimie. Les épreuves orales portent sur la morale, la littérature française, l'histoire et la géographie (programmes de la troisième année); les mathématiques appliquées, la physique, la chimie, la mécanique, l'histoire naturelle, et leurs applications à l'agriculture et à l'industrie ; le dessin linéaire, la comptabilité et la tenue des livres.

Les épreuves écrites du brevet de capacité littéraire sont : 1° une composition sur un sujet de morale ou de littérature; 2° une composition sur un sujet d'histoire et de géographie; 3° une composition sur un sujet de législation usuelle ou d'économie commerciale, industrielle ou agricole. Les épreuves orales portent sur la morale, la langue et la littérature françaises, l'histoire et la géographie (programmes de la troisième année); la comptabilité et la tenue des livres, la législation civile, l'économie commerciale, industrielle et agricole; l'arithmétique, la géométrie et les éléments de la physique (programmes du baccalauréat ès lettres).

Pour les élèves de l'école normale de Cluny qui se destinent à l'enseignement des langues vivantes, la composition et les épreuves orales qui se rapportent à la législation et à l'économie commerciale, industrielle et agricole sont remplacées par les épreuves prescrites pour le certificat d'aptitude à l'enseignement des langues vivantes (p. 19).

Les candidats peuvent, s'ils en font préalablement la demande, être interrogés sur les matières de l'enseignement secondaire spécial qui ne sont pas comprises dans les programmes de leur examen. Mention est faite au diplôme des matières de la série choisie par le candidat, ainsi que des autres matières sur lesquelles il a répondu d'une manière satisfaisante.

Les jeunes gens munis de ce brevet de capacité sont admis à contracter l'engagement conditionnel d'un an pour le service militaire.

Les jeunes filles qui se présentent aux examens pour l'obtention de ce diplôme peuvent demander, dans l'académie de Paris, à subir leur examen sur les programmes de l'association des cours de la Sorbonne.

Les droits d'examen et de diplôme sont de 50 francs.

(*Lois des* 21 *juin* 1865 *et* 27 *juillet* 1872; *décret du* 12 *août* 1867; *arrêtés des* 6 *mars* 1866, 26 *février et* 30 *juin* 1869.)

INSTRUCTION SUPÉRIEURE.

DIPLOME DE BACHELIER ÈS LETTRES [1].

Pour être admis à l'examen du baccalauréat ès lettres, il faut être âgé de seize ans accomplis, sauf dispense, produire son acte de naissance dûment légalisé, et, en cas de minorité, avoir le consentement de son père ou tuteur.

L'examen du baccalauréat ès lettres est scindé en deux séries d'épreuves, dont la seconde ne peut être subie qu'un an après la première, à moins que le candidat n'ait dix-neuf ans accomplis. L'intervalle compris entre la session d'octobre-novembre et celle de juillet-août compte pour une

1. Pour les divers examens subis dans les facultés, les droits d'examen sont acquis au compte de la faculté, quel que soit le résultat de l'examen. Quant aux droits de certificat de capacité et de visa, de certificat d'aptitude et de diplôme, ils sont remboursés aux candidats qui n'ont pas été jugés dignes du certificat de capacité ou du certificat d'aptitude. (*Décret du* 22 *août* 1854.)

année. Les épreuves de chaque série sont, les unes écrites, les autres orales.

Pour la première série, les épreuves écrites comprennent : 1° une version latine; 2° une composition en latin; les épreuves orales consistent : 1° en explications portant sur les textes des auteurs français et latins et sur certaines parties désignées des auteurs grecs, prescrits dans les lycées pour la classe de rhétorique [1] ; 2° en interrogations portant sur les parties de l'histoire et de la géographie enseignées en rhétorique dans les lycées et sur les principales notions de rhétorique et de littérature classique.

Pour la seconde série, les épreuves écrites comprennent : 1° une composition française sur un sujet de philosophie ; 2° la traduction en français d'un texte de langue vivante; les épreuves orales consistent en interrogations : 1° sur les parties de la philosophie, de l'histoire et de la géographie enseignées dans la classe de philosophie des lycées; 2° sur les sciences (arithmétique, algèbre, géométrie, cosmographie, physique, chimie, histoire naturelle), dans la limite du plan d'études des lycées pour les classes de lettres; 3° sur une langue vivante (question de grammaire, explication d'un texte prescrit [2], exercice de conversation).

Sont seuls admis aux épreuves orales les candidats dont les épreuves écrites ont été jugées satisfaisantes.

Les candidats qui produisent le diplôme de bachelier ès sciences sont dispensés de toutes les épreuves scientifiques [3].

1. Parties d'auteurs grecs désignées pour trois ans à dater de la session de juillet-août 1879 : 1° Homère : *Iliade*, ch. X; 2° Euripide : *Iphigénie à Aulis;* 3° Xénophon: *Économiques*, chap. I à XI ; 4° Platon : le *Criton;* 5° Démosthène : 1re *Philippique ;* 6° Denys d'Halicarnasse : 1re *Lettre à Ammœus sur Démosthène et Aristote ;* 7° Plutarque : *Vie de Démosthène;* 8° Aristote : *Poétique*, chap. I à IX.

2. Auteurs actuellement prescrits :

Langue allemande: 1° Lessing : *Lettres sur la littérature moderne*, le *Laocoon*, *Lettres archéologiques;* 2° Gœthe : *Hermann et Dorothée;* 3° Schiller : *Guillaume Tell ; Guerre de Trente ans;* 4° Correspondance entre Schiller et Gœthe.

Langue anglaise: 1° Pope : *Essai sur la critique;* 2° Shakspeare : *Macbeth;* 3° Milton : le *Paradis perdu*, ch. I et II.

Langue italienne : 1° Dante : *l'Enfer*, ch. Ier ; 2° Le Tasse : *Jérusalem délivrée;* 3° Machiavel : *Discours sur la première décade de Tite-Live;* 4° Manzoni : *les Fiancés.*

Langue espagnole : 1° Cervantès: *Don Quichotte;* 2° De Solis : *Conquête du Mexique;* 3° Calderón : le *Magicien prodigieux;* 4° de Mendoza : *Guerre de Grenade.*

Langue arabe: 1° Morceaux choisis des *Mille et une Nuits ;* 2° *Fables* de Bidpay.

3. Par dérogation aux dispositions ci-dessus, les décrets des 23 décembre 1857 et 18 novembre 1863 ont stipulé que les jeunes gens habitant les colonies de la Martinique, de la Guadeloupe, de la Réunion et de l'Inde pourraient, après examen passé devant une commission spéciale, obtenir des brevets de capacité qui leur conféreraient dans les colonies les avantages attachés en France au diplôme de bachelier, et leur permettraient de prendre en France les quatre premières inscriptions de droit ou de médecine avant d'avoir régularisé leur position par l'obtention du diplôme de bachelier. Un autre décret du 26 octobre 1871 a établi que les jeunes gens pourvus de ces brevets de capacité seraient admis, sur leur demande

Les facultés des lettres tiennent annuellement deux sessions pour les examens du baccalauréat : la première à la fin de l'année scolaire (juillet-août), la seconde au commencement de l'année scolaire (octobre-novembre). Les facultés envoient, en juillet-août, un jury dans les villes les plus importantes de chaque académie, désignées par un arrêté ministériel, pour y tenir une session particulière. Des sessions extraordinaires peuvent avoir lieu au mois de mars ou d'avril pour certaines catégories de candidats.

Les droits d'examen, de certificat d'aptitude et de diplôme sont de 120 francs[1].

(Décrets des 9 avril et 25 juillet 1874; arrêtés des 19 et 21 mars 1870, 23 et 25 juillet et 26 décembre 1874, 27 mai et 10 novembre 1875, 26 décembre 1876, 7 février et 22 juillet 1878; instruction du 7 juin 1875.)

DIPLOME DE LICENCIÉ ÈS LETTRES.

Pour être admis à l'examen de la licence ès lettres, il faut justifier du diplôme de bachelier ès lettres, obtenu depuis un an, et avoir pris quatre inscriptions aux cours de la faculté. Il peut être accordé des dispenses d'assiduité aux candidats qui, par leurs fonctions dans l'instruction publique, n'ont pu suivre les cours de la faculté.

Les examens de la licence consistent en épreuves écrites et en épreuves orales. Les épreuves écrites sont : 1° une composition de prose latine; 2° une composition de prose française; 3° une composition de vers latins; 4° un thème grec. Pour l'épreuve orale, les candidats expliquent, avec commentaire littéraire et philologique, des textes pris parmi les ouvrages grecs, latins et français indiqués par arrêté ministériel et modifiés, en général, tous les trois ans[2].

et de l'avis des facultés compétentes, à échanger ces titres contre les diplômes de bachelier correspondants, sous la condition d'acquitter les droits universitaires exigés en France et de justifier qu'à l'époque où ils se sont présentés devant la commission coloniale ils résidaient depuis deux ans au moins dans la colonie. Un décret du 2 avril 1875 a rendu exécutoires dans les colonies les dispositions des décrets des 9 avril et 25 juillet 1874 qui ont scindé en deux examens les épreuves du baccalauréat ès lettres, mais sans modifier la législation du brevet de capacité colonial.

1. Des remises ou des modérations de droits peuvent être accordées aux étudiants des facultés qui, par leur position de famille, ont des titres à cette faveur. *(Décret du 22 août 1854.)*

2. Auteurs prescrits pour les sessions d'examen de l'année 1879 :

Auteurs grecs : 1° Homère : *Iliade,* ch. XII; *Odyssée,* ch. VI; 2° Pindare : *Olympique VII;* 3° Eschyle : *Prométhée enchaîné;* 4° Sophocle : *Électre;* 5° Euripide : *Iphigénie en Tauride;* 6° Hérodote : *Histoires,* liv. VII; 7° Thucydide : *Histoire grecque,* liv. VII; 8° Démosthène : *Discours sur les affaires de Chersonèse;* 9° Platon : *Protagoras;* 10° saint Jean Chrysostôme : 1re *Homélie sur Eutrope.*

Auteurs latins : 1° Térence : *Heautontimoroumenos;* 2° Lucrèce : *de Natura rerum,* liv. V; 3° Virgile : *Églogues; Énéide,* liv. VI; 4° Horace : *Art poétique; Odes,* liv. II; *Épîtres,* liv. II; 5° Cicéron : *Brutus; Lettres à Quintus,* I; *Second discours*

Les facultés des lettres tiennent annuellement pour la licence deux sessions d'examen, l'une dans le premier mois de l'année scolaire, l'autre dans le dernier mois de la même année. A la faculté de Paris, une troisième session a lieu aux vacances de Pâques. Une session supplémentaire peut être autorisée dans les autres facultés.

Les droits des inscriptions, de l'examen, du certificat d'aptitude et du diplôme sont de 150 francs, y compris le droit de bibliothèque de 2 fr. 50 c. par chaque inscription.

(*Loi du 3 août 1875; décrets des 17 mars 1808, 22 août 1854 et 26 décembre 1875; arrêtés des 17 juillet 1840 et 27 décembre 1876.*)

DIPLOME DE DOCTEUR ÈS LETTRES.

Pour obtenir le diplôme de docteur ès lettres, il faut justifier du grade de licencié et soutenir deux thèses acceptées préalablement par le doyen, l'une en latin, l'autre en français, sur deux matières distinctes, choisies par le candidat, d'après la nature de ses études, et parmi les objets de l'enseignement de la faculté. L'une et l'autre thèse sont soutenues publiquement en français. Le nombre des examinateurs est fixé à six; ils argumentent dans l'ordre d'ancienneté.

Les droits d'examen, de certificat d'aptitude et de diplôme s'élèvent à 440 francs.

(*Décrets des 22 août 1854 et 26 décembre 1875; arrêté du 17 juillet 1840.*)

DIPLOME DE BACHELIER ÈS SCIENCES COMPLET.

Pour être admis à l'examen du baccalauréat ès sciences complet, il faut être âgé de seize ans, produire son acte de naissance dûment légalisé, et, en cas de minorité, avoir le consentement de son père ou tuteur.

L'examen se compose de deux épreuves : une épreuve écrite et une épreuve orale. L'épreuve écrite comprend : 1° une composition sur un sujet de mathématiques et un sujet de physique; 2° une version latine, si le candidat n'est pas bachelier ès lettres. Le jury arrête, d'après les compositions, la liste des candidats admis aux épreuves orales. L'épreuve orale

sur la loi agraire; 6° Tacite : *Annales*, liv. XV; 7° Sénèque : *Consolatio ad Marciam*; 8° Quintilien, liv. XII; 9° Pline le Jeune : *Lettres*, liv. III; 10° saint Augustin, *Cité de Dieu*, liv. II.

Auteurs français : 1° Théâtre classique : Corneille : *le Cid, Polyeucte, Nicomède*; Racine : *Britannicus, Andromaque*; Voltaire : *Mérope*; Molière : *le Misanthrope, l'Avare*; 2° La Fontaine : *Fables*, les 6 derniers livres; 3° Montaigne : *Essais*, I, 24, 25; 4° Régnier : *Satire IX*; 5° Descartes : *Discours de la Méthode*; 6° Pascal : *Pensées*; 7° Malebranche : *Recherche de la vérité*; *Des inclinations*, liv. IV; 8° Bossuet : *Oraison funèbre du prince de Condé; Sermon sur l'éminente dignité des pauvres; Panégyrique de saint Bernard*; 9° Fénelon : *Lettre à l'Académie*; 10° La Bruyère : *des Ouvrages de l'esprit*; 11° Rollin, *Traité des études*, le dernier chapitre.

porte sur les matières enseignées dans la classe de mathématiques élémentaires des lycées (deuxième année) : sciences mathématiques, physiques et chimiques (arithmétique, algèbre, géométrie, notions sur quelques courbes, trigonométrie rectiligne, géométrie descriptive, cosmographie, mécanique, physique, chimie) ; philosophie ; explication d'auteurs latins et français; histoire ; géographie. Les candidats sont, en outre, interrogés sur une langue vivante[1].

Les candidats qui produisent le diplôme de bachelier ès lettres complet sont dispensés de toutes les épreuves littéraires; ceux qui ne produisent que le certificat d'aptitude pour la première partie de l'examen du baccalauréat ès lettres ne sont dispensés que des épreuves littéraires se rapportant au programme de cette première partie[2].

Les facultés des sciences tiennent annuellement deux sessions pour les examens du baccalauréat. La première session a lieu du 10 juillet au 1er septembre pour Paris, et du 15 juillet au 1er septembre pour les départements; la deuxième, du 20 octobre au 10 novembre. Des sessions extraordinaires peuvent avoir lieu en avril ou mai pour certaines catégories de candidats. Les facultés envoient, à la fin de l'année scolaire, un jury dans les villes les plus importantes, désignées par un arrêté ministériel, pour y tenir une session particulière.

Les droits d'examen, de certificat d'aptitude et de diplôme du baccalauréat ès sciences complet sont de 100 francs.

(Décret du 27 novembre 1864; arrêtés des 25 mars 1865, 19 et 21 mars 1870, 23 juillet et 26 décembre 1874, 27 mai, 10 et 25 novembre 1875, 26 décembre 1876 et 7 février 1878; instruction du 7 juin 1875.)

DIPLOME DE BACHELIER ÈS SCIENCES RESTREINT.

Pour être admis à l'examen du baccalauréat ès sciences restreint, exigé des étudiants des facultés de médecine aspirant au doctorat, il faut être âgé de seize ans, produire son acte de naissance dûment légalisé, et, en cas de minorité, avoir le consentement de son père ou tuteur.

L'examen se compose de deux épreuves : une épreuve écrite et une épreuve orale. L'épreuve écrite comprend : 1° une composition sur une question de physique et d'histoire naturelle ; 2° une version latine, si le candidat n'est pas bachelier ès lettres. Le jury arrête, d'après les compositions, la liste des candidats admis aux épreuves orales. L'épreuve orale porte sur les mathématiques (arithmétique, algèbre, géométrie), la cosmographie, les sciences physiques, chimiques et naturelles, la philosophie, les textes latins et français désignés, l'histoire et la géographie, d'après les programmes officiels prescrits par le ministre. Les candidats sont, en outre, interrogés sur une langue vivante[3].

1. Voir la note 2 de la page 24.
2. Voir la note 3 de la page 24.
3. Voir la note 2 de la page 24.

Les candidats qui produisent le diplôme de bachelier ès lettres sont dispensés des épreuves littéraires.

Les facultés des sciences tiennent annuellement deux sessions pour les examens du baccalauréat. La première session a lieu du 10 juillet au 1er septembre pour Paris, et du 15 juillet au 1er septembre pour les départements; la deuxième, du 20 octobre au 10 novembre. Des sessions extraordinaires peuvent avoir lieu en avril ou mai pour certaines catégories de candidats. Les facultés envoient, à la fin de l'année scolaire, un jury dans les villes les plus importantes, désignées par un arrêté ministériel, pour y tenir une session particulière.

Les droits d'examen, de certificat d'aptitude et de diplôme du baccalauréat ès sciences restreint sont de 50 francs.

(*Décrets des 23 août 1858 et 27 novembre 1864; arrêtés des 7 août 1857,*
20 janvier 1859, 25 mars 1865, 26 décembre 1874, 27 mai,
10 et 25 novembre 1875, 26 décembre 1876 et 7 février 1878.)

DIPLOME DE LICENCIÉ ÈS SCIENCES.

Il y a trois sortes de licence ès sciences : la licence ès sciences mathématiques, la licence ès sciences physiques, la licence ès sciences naturelles.

Les candidats à la licence ès sciences mathématiques et à la licence ès sciences physiques doivent être pourvus du diplôme de bachelier ès sciences complet (p. 26). Les candidats à la licence ès sciences naturelles doivent être pourvus ou du même diplôme ou des deux diplômes de bachelier ès lettres (p. 23) et de bachelier ès sciences restreint (p. 27).

Tout candidat à la licence doit, en outre, justifier de quatre inscriptions aux cours de la faculté. Il peut être accordé des dispenses d'assiduité aux candidats qui, par leurs fonctions dans l'instruction publique, n'ont pu suivre les cours de la faculté.

L'examen pour chacune des trois licences ès sciences se divise en épreuves écrites, en épreuves pratiques et en épreuves orales. Nul n'est admis à subir les épreuves orales s'il n'a satisfait aux épreuves écrites et pratiques; le candidat qui n'a point satisfait à l'une des épreuves perd le bénéfice des épreuves antérieures.

Les sujets des épreuves écrites, pratiques et orales sont empruntés au programme officiel, arrêté en conseil supérieur de l'instruction publique.

L'épreuve écrite porte: pour la licence ès sciences mathématiques, sur deux sujets pris, l'un dans le programme de calcul différentiel et intégral, l'autre dans le programme de mécanique; pour la licence ès sciences physiques, sur deux sujets pris, l'un dans le programme de physique, l'autre dans le programme de chimie; pour la licence ès sciences naturelles, sur deux sujets empruntés, l'un au programme de botanique, l'autre au programme de zoologie, d'anatomie et de physiologie.

Les épreuves pratiques consistent : pour la licence ès sciences mathématiques, en épures ou en applications du calcul à des questions d'astronomie indiquées dans le programme ; pour la licence ès sciences physiques, en une préparation ou une analyse chimique, en manipulations et en déterminations minéralogiques ; pour la licence ès sciences naturelles, en une préparation d'anatomie zoologique, en une préparation d'anatomie botanique, en déterminations de roches et de pièces paléontologiques. Ces épreuves ont lieu dans un des cabinets ou des laboratoires des facultés.

L'épreuve orale dure une heure et demie.

Il y a chaque année, dans les facultés des sciences, deux sessions d'examen pour la licence : la première s'ouvre le 1er juillet ; la seconde, le 1er novembre.

Les droits des inscriptions, de l'examen, du certificat d'aptitude et du diplôme sont de 150 francs, y compris le droit de bibliothèque de 2 fr. 50 c. par chaque inscription.

(Loi du 3 août 1875; décrets des 22 août 1854 et 15 juillet 1877; arrêté du 15 juillet 1877.)

DIPLOME DE DOCTEUR ÈS SCIENCES.

Il y a trois sortes de doctorat ès sciences : le doctorat ès sciences mathématiques, le doctorat ès sciences physiques, le doctorat ès sciences naturelles.

Pour obtenir le grade de docteur ès sciences, il faut être pourvu du diplôme de licencié ès sciences de l'ordre correspondant, soutenir devant la faculté deux thèses approuvées par elle et rédigées conformément au programme officiel, enfin répondre aux questions ou objections auxquelles ces thèses donnent lieu de la part des juges.

Les thèses relatives aux sciences physiques et naturelles ne sont admises à la discussion qu'autant qu'elles renferment des résultats nouveaux.

Les thèses sont soutenues publiquement devant un jury d'examen composé de trois professeurs ou agrégés des facultés de l'ordre des sciences auxquelles le doctorat se rapporte.

Les droits d'examen, de certificat d'aptitude et de diplôme sont de 140 francs.

(Décrets des 17 mars 1808, 20 décembre 1876 et 15 juillet 1877; arrêté du 8 juin 1848.)

CERTIFICAT DE CAPACITÉ POUR LES SCIENCES APPLIQUÉES.

Pour obtenir le certificat de capacité pour les sciences appliquées, il faut : 1° être âgé de seize ans; 2° passer un examen préliminaire sur la langue française et les éléments des sciences devant une faculté ou une école autorisée pour l'enseignement des sciences appliquées, afin d'être admis à y prendre huit inscriptions; 3° subir, en deux années, deux examens sur la géométrie, la mécanique, la physique, la chimie, l'histoire naturelle, la littérature française, l'histoire de France, la géographie et le dessin, conformément aux programmes officiels prescrits par le ministre.

Il y a chaque année deux sessions d'examen, la première du 1er au 15 avril, la seconde du 1er au 15 septembre.

Les frais d'obtention de ce certificat dans une faculté des sciences s'élèvent à 420 francs : droit d'immatriculation, 100 fr.; huit inscriptions, 100 fr., y compris le droit de bibliothèque de 2 fr. 50 c. par chaque inscription; deux examens, 120 fr.; certificat de capacité, 75 fr.; visa du certificat, 25 francs. Dans les écoles préparatoires à l'enseignement supérieur, le tarif des sommes perçues varie suivant les villes.

(*Loi du 3 août 1875; décret du 22 août 1854; arrêté du 26 décembre 1854.*)

DIPLOME DE DOCTEUR EN MÉDECINE OU EN CHIRURGIE.

Pour obtenir le diplôme de docteur en médecine ou en chirurgie, qui est exigé pour la profession de médecin ou de chirurgien, il faut, d'après les règlements encore en vigueur pendant l'année scolaire 1878-1879 : 1° avoir pris des inscriptions et suivi les cours pendant quatre années dans une faculté de médecine ou une école de plein exercice, ou pendant trois années et demie dans une école préparatoire et une année dans une faculté de médecine ou une école de plein exercice; 2° avoir fait un stage de deux années dans un hôpital placé près la faculté ou l'école[1]; 3° subir trois examens de fin d'année et cinq examens de fin d'études, et soutenir une thèse devant la faculté où ont été prises les deux dernières inscriptions. Les docteurs en médecine qui veulent prendre le grade de docteur en chirurgie, exigé pour la profession de chirurgien, doivent subir à nouveau le cinquième examen de fin d'études et la thèse; mais cet examen et la thèse portent sur des questions de chirurgie.

Pour être admis à suivre les cours d'une faculté de médecine, d'une école de plein exercice ou d'une école préparatoire, les aspirants au diplôme de docteur en médecine ou en chirurgie doivent produire le diplôme de bachelier ès lettres (p. 23), avant de prendre la première inscription, et celui de bachelier ès sciences, restreint pour la partie mathématique (p. 27), avant de prendre la troisième inscription.

Les droits des inscriptions, des examens, de la thèse et du diplôme s'élèvent à 1,260 francs, et avec le droit de bibliothèque de 2 fr. 50 c. par chaque inscription, à 1,300 francs.

1. Le stage commence après la huitième inscription.

A partir du 1er novembre 1879, les conditions requises pour l'obtention du diplôme de docteur en médecine ou en chirurgie seront modifiées. Les aspirants auront à produire les deux diplômes de bachelier ès lettres et de bachelier ès sciences, restreint pour la partie mathématique, dès le début de leurs études, avant la première inscription. Les examens de fin d'année seront supprimés; mais le deuxième, le troisième et le cinquième examen de réception seront dédoublés; le nombre des épreuves imposées au candidat au doctorat sera donc toujours de neuf : cinq examens, dont trois divisés en deux parties, et une thèse. Les travaux pratiques seront obligatoires dès la première année d'études.

Les cinq examens porteront sur les objets suivants : *premier examen :* physique, chimie, histoire naturelle médicale; *deuxième examen :* 1re partie, anatomie et histologie; 2e partie, physiologie; *troisième examen :* 1re partie, pathologie externe, accouchements, médecine opératoire; 2e partie, pathologie interne, pathologie générale; *quatrième examen :* hygiène, médecine légale, thérapeutique, matière médicale et pharmacologie; *cinquième examen :* 1re partie, cliniques externe et obstétricale; 2e partie, clinique interne, épreuve pratique d'anatomie pathologique. La thèse sera soutenue sur un sujet au choix du candidat.

A l'avenir, les inscriptions prises dans les écoles préparatoires seront admises pour toute leur valeur dans les facultés et les écoles de plein exercice; mais la quatrième année d'études devra être nécessairement faite dans une faculté ou une école de plein exercice; les élèves des écoles préparatoires seront autorisés à ne subir le premier examen qu'après la douzième inscription, au moment même où ils passeront dans la faculté ou l'école de plein exercice. Les frais s'élèveront à 1,360 francs.

Seront appliquées les dispositions transitoires suivantes : 1o les élèves qui prendront leur première inscription au mois de novembre 1879 seront soumis aux prescriptions du nouveau décret relatives à la justification des deux baccalauréats et aux exercices pratiques obligatoires; 2o tout élève qui, au 1er novembre 1879, n'aura que quatre inscriptions de doctorat révolues pourra opter entre l'ancien et le nouveau régime d'examens; mais, en cas d'option pour le nouveau régime, il subira son premier examen probatoire avant de prendre la cinquième inscription; 3o tout élève qui, au 1er novembre 1879, aura plus de quatre inscriptions de doctorat révolues pourra opter entre l'ancien et le nouveau régime d'examens; mais en cas d'option pour le nouveau régime il subira son premier examen probatoire après la douzième et avant la treizième inscription.

(Loi du 3 août 1875; décrets des 22 août 1854, 23 août 1858, 18 juin 1862, 14 juillet et 20 novembre 1875, 24 avril 1877 et 20 juin 1878; ordonnances des 9 août 1836 et 13 octobre 1840; arrêté du 2 avril 1857; circulaire du 20 novembre 1878.)

DIPLOME D'OFFICIER DE SANTÉ.

Pour obtenir le diplôme d'officier de santé, il faut : 1° avoir pris des inscriptions et suivi les cours pendant trois années dans une faculté de médecine ou une école de plein exercice, ou pendant trois années et demie dans une école préparatoire; 2° avoir fait un stage de deux années dans un hôpital placé près la faculté ou l'école; 3° subir, devant une faculté de médecine, une école de plein exercice ou une école préparatoire, deux examens de fin d'année[1] et trois examens de fin d'études sur les principales parties des sciences médicales, et faire une composition écrite sur une question tirée au sort. Le dernier examen ne peut être subi avant l'âge de vingt et un ans révolus.

Les matières des examens sont ainsi réparties : *Examens de fin d'année* : 1re année : chimie, histoire naturelle, ostéologie, les articulations, la myologie, les éléments de la physiologie; 2° année : anatomie, physiologie, pathologie interne et externe, matière médicale; 3° année (dans les écoles préparatoires seulement) : pathologie externe et interne, médecine opératoire, accouchements et thérapeutique; — *Examens de fin d'études* : 1er examen : anatomie, physiologie; 2° examen : pathologie interne, pathologie externe, accouchements; 3° examen : clinique interne et externe, matière médicale, thérapeutique; composition écrite sur une question tirée au sort.

Ce diplôme n'est valable que pour le département pour lequel on a été reçu. Si le candidat veut plus tard exercer dans un autre département, il doit, après avoir obtenu l'autorisation du ministre, subir un examen supplémentaire devant le jury de la faculté ou de l'école de laquelle relève ce département.

Pour être admis à suivre les cours d'une faculté de médecine, d'une école de plein exercice ou d'une école préparatoire, les aspirants au diplôme d'officier de santé doivent être âgés de dix-sept ans révolus et produire un certificat d'examen de grammaire (p. 20).

Les droits des inscriptions, des examens et du diplôme s'élèvent à 870 francs, y compris le droit de bibliothèque de 2 fr. 50 c. par chaque inscription, dans les facultés, et à 780 francs dans les écoles de plein exercice et les écoles préparatoires. L'examen supplémentaire est de 210 francs.

(*Loi du 3 août 1875; décrets des 22 août et 28 octobre 1854, 18 juin 1862, 23 août 1873, 14 juillet et 20 novembre 1875 et 24 avril 1877; arrêtés des 23 décembre 1854, 2 avril 1857 et 7 avril 1859.*)

[1]. Dans les écoles préparatoires, l'étudiant doit subir *trois* examens de fin d'année.

DIPLOMES DE PHARMACIEN.

Il existe deux diplômes de pharmacien : celui de première classe, valable dans toute la France; celui de deuxième classe, valable seulement dans le département pour lequel le candidat a été reçu.

Pour obtenir le diplôme de pharmacien de première classe, il faut, d'après les règlements encore en vigueur pendant l'année scolaire 1878-1879: 1° avoir pris des inscriptions et suivi les cours pendant trois années dans une école supérieure de pharmacie[1] ou une école de médecine et de pharmacie de plein exercice, ou pendant deux années et demie dans une école préparatoire et une année dans une école supérieure ou de plein exercice; 2° avoir justifié, depuis l'âge de seize ans, d'inscriptions de trois années de stage dans une pharmacie légalement établie; 3° avoir subi cinq examens semestriels et trois examens de fin d'études devant une école supérieure de pharmacie, sur la chimie, la physique, la toxicologie, la pharmacie, la botanique, la zoologie, la minéralogie et l'histoire naturelle médicale; le dernier examen ne peut être subi avant l'âge de vingt-cinq ans.

Pour être admis à suivre les cours d'une école supérieure ou de plein exercice, ou d'une école préparatoire, les aspirants au diplôme de pharmacien de première classe doivent justifier du diplôme de bachelier ès sciences complet (p. 26).

Les droits des inscriptions, des travaux pratiques, des examens et du diplôme s'élèvent à 1,420 francs, y compris le droit de bibliothèque de 2 fr. 50 c. par chaque inscription.

A partir du 1er novembre 1879, les conditions d'obtention du diplôme de pharmacien de première classe recevront quelques modifications. Les études dureront six années, dont trois années de stage dans une officine et trois années de cours suivis, soit dans une école supérieure de pharmacie ou une faculté mixte, soit dans une école de plein exercice; toutefois, pendant les deux premières années, les cours pourront être suivis dans une école préparatoire de médecine et de pharmacie.

Les aspirants auront à produire, au moment de la première inscription soit de scolarité, soit de stage, le diplôme de bachelier ès lettres (p. 23) ou celui de bachelier ès sciences (p. 26). Ils devront, avant de prendre la première inscription de scolarité, subir un examen de validation de stage. Ils ne seront admis à prendre la cinquième, la neuvième et la onzième inscription qu'après avoir subi avec succès un examen portant sur les matières enseignées dans les deux premières années et le premier semestre de la troisième année. Ils auront, de plus, à subir trois examens probatoires ou de fin d'études. Ces examens, subis devant les écoles supé-

---

1. Les facultés mixtes de médecine et de pharmacie sont au rang d'écoles supérieures de pharmacie.

rieures ou les facultés mixtes, après le cours complet d'études, porteront sur les objets suivants : *premier examen* : physique, chimie, toxicologie et pharmacie, plus une analyse chimique; *deuxième examen* : botanique, zoologie, histoire naturelle des drogues simples, hydrologie et histoire naturelle des minéraux, une préparation micrographique; *troisième examen* : préparations chimiques et pharmaceutiques. Les travaux pratiques seront obligatoires. Le total des droits à percevoir pour l'obtention du diplôme sera maintenu à 1,420 francs. Le dernier examen ne pourra être subi avant l'âge de vingt-cinq ans.

Il est créé, en outre, un diplôme supérieur de pharmacien de première classe, qui est délivré, à la suite de la soutenance d'une thèse, aux pharmaciens de première classe licenciés ès sciences physiques ou ès sciences naturelles (p. 28), ou qui, à défaut de l'un de ces grades, justifient avoir accompli une quatrième année d'études dans une école supérieure ou dans une faculté mixte, et subissent avec succès un examen sur les matières des licences ès sciences physiques et naturelles appliquées à la pharmacie. Cet examen de validation de la quatrième année est divisé en épreuves écrites, en épreuves pratiques et en épreuves orales. Les épreuves écrites consistent en deux compositions, dont l'une porte sur un sujet pris dans le programme de la licence ès sciences physiques, et l'autre sur un sujet tiré du programme de la licence ès sciences naturelles. Les épreuves pratiques portent, au choix du candidat, sur les sciences physico-chimiques ou sur les sciences naturelles. L'épreuve orale porte, au choix du candidat, ou sur les questions de physique ou de chimie, ou sur les questions de botanique et de zoologie indiquées dans les programmes pour la licence ès sciences. Le sujet de la thèse est choisi par le candidat. Les droits à percevoir des aspirants au diplôme supérieur de pharmacien de première classe s'élèvent, y compris le droit de bibliothèque, à 400 francs.

Pour obtenir le diplôme de pharmacien de deuxième classe, il faut : 1º être âgé de dix-sept ans révolus; 2º produire un certificat d'examen de grammaire (p. 20) ; 3º prendre des inscriptions et suivre les cours pendant trois années dans une école supérieure de pharmacie, une école de plein exercice ou une école préparatoire; 4º justifier, en dehors du temps d'études, d'inscriptions de trois années de stage dans une pharmacie légalement établie et subir avec succès un examen de validation de stage; 5º subir deux examens de fin d'année et trois examens de fin d'études, sur la chimie, la physique, la toxicologie, l'histoire naturelle médicale et la pharmacie, le dernier examen ne pouvant être subi avant l'âge de vingt-cinq ans. Ce diplôme n'est valable que pour le département pour lequel on a été reçu. Si le candidat veut plus tard exercer dans un autre département, il doit, après avoir obtenu l'autorisation du ministre, subir un examen supplémentaire devant l'école de laquelle relève le département.

Les droits des inscriptions, des travaux pratiques qui sont obligatoires, des examens et du diplôme s'élèvent, dans les écoles supérieures et facultés mixtes, à 1,150 francs, y compris le droit de bibliothèque de 2 fr. 50 par chaque inscription, et à 1,120 francs dans les écoles de plein exercice et préparatoires. L'examen supplémentaire est de 360 francs.

(*Loi du 3 août 1875; décrets des 22 août 1854, 15 février 1860, 23 août 1873, 14 juillet et 20 novembre 1875, 24 avril 1877, 12 juillet et 31 août 1878; arrêtés des 7 septembre 1852, 23 décembre 1854, 19 juillet 1861, 31 juillet et 30 décembre 1878.*)

DIPLOMES D'HERBORISTE.

Il existe deux diplômes d'herboriste : celui de première classe, valable dans toute la France; celui de deuxième classe, valable seulement dans le département pour lequel le candidat a été reçu. Les femmes sont admises à se faire recevoir herboristes.

L'examen pour le diplôme d'herboriste de première classe n'est subi que devant les écoles supérieures de pharmacie et les facultés mixtes de médecine et de pharmacie. Aucune condition d'études n'est exigée pour l'admission à cet examen, auquel on ne peut se présenter avant l'âge de vingt et un ans. Il porte sur la connaissance des plantes médicinales, les précautions nécessaires pour leur récolte, leur dessiccation et leur préparation. Le prix de l'examen, du certificat d'aptitude et du visa de ce certificat est de 100 francs.

L'examen pour le diplôme d'herboriste de deuxième classe peut être subi devant l'école supérieure de pharmacie, l'école de plein exercice ou l'école préparatoire de médecine et de pharmacie dans la circonscription de laquelle le candidat se propose d'exercer. Aucune condition d'études n'est exigée pour l'admission à cet examen, auquel on ne peut se présenter avant l'âge de vingt et un ans. Il porte sur la connaissance des plantes médicinales, les précautions nécessaires pour leur récolte, leur dessiccation et leur préparation. Le prix de l'examen, du certificat d'aptitude et du visa de ce certificat est de 100 francs à Paris et de 80 francs dans les départements.

(*Décrets des 22 août 1854, 14 juillet et 20 novembre 1875 et 24 avril 1877; arrêtés des 25 thermidor an X, 23 décembre 1854 et 4 août 1865.*)

DIPLOMES DE SAGE-FEMME.

Il existe deux diplômes de sage-femme : celui de première classe, valable dans toute la France; celui de deuxième classe, valable seulement dans le département pour lequel l'aspirante a été reçue.

Pour être admises aux examens, les aspirantes au diplôme de sage-femme doivent être reçues préalablement élèves sages-femmes près d'un hospice ou d'une maison d'accouchements, et présenter des certificats de la sage-femme en chef, du professeur ou du directeur de l'hospice, constatant qu'elles ont suivi régulièrement les cours qui leur sont destinés et que leur conduite n'a donné lieu à aucun reproche. Les aspirantes ne sont admises élèves sages-femmes qu'en justifiant qu'elles savent lire et écrire, qu'elles sont âgées de plus de dix-huit ans et de moins de trente-cinq, et qu'elles sont de bonnes vie et mœurs.

L'examen pour le diplôme de sage-femme de première classe n'a lieu que devant les facultés de médecine. Il se divise en deux parties, qui ont pour objet les accouchements, les différentes manœuvres auxquelles ils peuvent donner lieu, les premiers soins que réclament l'état de la mère et celui de l'enfant. Le prix des deux examens, du certificat d'aptitude et du visa du certificat est de 130 francs.

L'examen pour le diplôme de sage-femme de deuxième classe a lieu devant les facultés et les écoles de médecine et de pharmacie de plein exercice ou préparatoires. Il porte sur les mêmes matières que l'examen pour le diplôme de première classe. L'examen est gratuit; les droits du certificat d'aptitude et du visa sont de 25 francs.

(Décret du 22 août 1854; arrêtés des 8 novembre 1810, 19 août 1845 et 23 décembre 1854.)

CERTIFICAT DE CAPACITÉ EN DROIT.

Pour obtenir le certificat de capacité en droit, qui ne peut servir que pour la profession d'avoué, il n'est pas nécessaire d'être bachelier ès lettres; il faut être âgé de dix-sept ans, justifier du certificat d'examen de grammaire (p. 20), prendre quatre inscriptions et subir un examen sur la procédure civile, la législation criminelle et le Code civil (cours de première et de deuxième année).

Les droits des inscriptions, de l'examen et du certificat s'élèvent à 255 francs, y compris le droit de bibliothèque de 2 fr. 50 c. par chaque inscription.

(Loi du 3 août 1875 ; décret du 22 août 1854; arrêtés des 22 septembre 1843 et 20 juillet 1861.)

DIPLOME DE BACHELIER EN DROIT.

Pour obtenir le diplôme de bachelier en droit, il faut avoir suivi les deux premières années des cours d'une faculté de droit, avoir pris huit inscriptions et avoir subi deux examens

Le premier examen, qui doit être subi après la quatrième inscription et avant la sixième inscription à Paris et la septième dans les départements, a pour objet : Code civil, titre préliminaire (art. 1 à 6); livres I et II, moins les articles 120 à 138; Droit romain : les deux premiers livres des Institutes de Justinien; Code pénal : les deux premiers livres et les parties du Code d'Instruction criminelle étudiées par le professeur. Le deuxième examen, subi après la huitième inscription et avant la onzième à Paris, et la dixième dans les départements, a pour objet : Code civil, livre III : les 4 premiers titres et le titre XX ; Code de procédure civile, livre II, III et IV.

Pour être admis à suivre les cours d'une faculté de droit, les aspirants au diplôme de bachelier en droit doivent justifier du diplôme de bachelier ès lettres (p. 23).

Les droits des inscriptions, des examens et du diplôme s'élèvent à 560 francs, y compris le droit de bibliothèque de 2 fr. 50 c. par chaque inscription.

(Loi du 3 août 1875 ; décrets des 21 septembre 1804, 22 août 1854 et 26 mars 1877 ; ordonnance du 4 octobre 1820 ; arrêtés des 22 septembre 1843 et 4 février 1853.)

DIPLOME DE LICENCIÉ EN DROIT.

Pour obtenir le diplôme de licencié en droit, qui est obligatoire pour exercer la profession d'avocat, il faut être bachelier en droit, avoir suivi la troisième année des cours d'une faculté de droit, prendre quatre inscriptions et subir deux examens et une thèse.

Le premier examen a lieu après la neuvième inscription et a pour objet : les quatre livres des Institutes de Justinien, avec les développements donnés par le professeur pour l'étude des textes additionnels pris dans les différentes parties du droit romain, et l'économie politique. Le deuxième examen, qui a lieu après la onzième inscription, a pour objet : Code civil (art. 1387 à 2218) ; Code de commerce ; Droit administratif ; il comprend en outre une épreuve écrite qui porte sur une des matières de l'enseignement obligatoire pour la licence. La thèse est soutenue après la douzième inscription ; elle embrasse trois dissertations : une en latin sur le droit romain, une en français sur le droit civil ; une troisième en français sur l'une des autres parties du droit ; les sujets sont tirés au sort.

Les droits des inscriptions, des examens et du diplôme s'élèvent à 570 francs, y compris le droit de bibliothèque de 2 fr. 50 c. par chaque inscription.

(Loi du 3 août 1875 ; décrets des 21 septembre 1804, 22 août 1854 et 26 mars 1877 ; arrêtés des 22 septembre 1843 et 4 février 1853.)

DIPLOME DE DOCTEUR EN DROIT.

Pour obtenir le diplôme de docteur en droit, il faut être licencié en droit, faire une quatrième année d'études, prendre quatre inscriptions, subir deux examens et soutenir une thèse.

Le premier examen a lieu après la deuxième inscription ; il porte sur l'ensemble du droit romain et les textes des Pandectes expliqués par le professeur ; à Paris, il comprend en outre le droit des gens. Le deuxième

examen a lieu après la troisième inscription; il a pour objet le ode civil
et les autres matières enseignées dans les facultés, sauf le droit romain;
à Paris, il comprend en outre, au choix des candidats, les matières enseignées dans deux des cours suivants: histoire du droit, droit coutumier,
droit constitutionnel, droit commercial industriel, et autres cours institués pour le doctorat, l'un des deux cours d'histoire du droit ou de droit
coutumier restant toutefois obligatoire; dans les facultés des départements où ces enseignements complémentaires existent, il comprend
le droit français étudié dans ses origines féodales et coutumières et
l'histoire du droit. La thèse, dont le sujet est choisi par le candidat,
sauf approbation du doyen, se compose d'une dissertation sur le droit
romain écrite en français et en latin, et d'une dissertation en français sur
une branche du droit français; le candidat doit y joindre quatre propositions sur l'histoire et les difficultés du droit romain; trois propositions
sur l'histoire et les difficultés du droit français; deux sur le droit cri-
minel et deux sur le droit des gens et les autres branches du droit public.

Les droits des inscriptions, des examens, de la thèse et du diplôme
s'élèvent à 570 francs, y compris le droit de bibliothèque de 2 fr. 50 c.
par chaque inscription.

(*Loi du 3 août 1875; décrets des 21 septembre 1804 et 22 août 1854;
arrêtés des 5 décembre 1850, 4 février 1853, 19 novembre 1862
et 28 décembre 1878.*)

DIPLOME DE BACHELIER EN THÉOLOGIE.

Pour obtenir le diplôme de bachelier en théologie dans une faculté de
théologie catholique, il faut : 1° produire un extrait de naissance constatant que le candidat est âgé de 21 ans; 2° produire le diplôme de bachelier ès lettres (p. 23); 3° justifier qu'on a suivi, pendant trois ans, les
cours d'une faculté de théologie et d'un séminaire situé hors des chefs-
lieux des facultés de théologie; 4° prendre quatre inscriptions dans une
faculté de théologie; 5° subir un examen unique sur la théologie naturelle et sur les traités de la religion et de l'Église; 6° soutenir une thèse
sur les mêmes matières. Il est d'usage que les candidats ecclésiastiques
produisent, en outre, l'autorisation de leur évêque.

Les droits des inscriptions, de l'examen et du diplôme sont de 55 francs,
y compris le droit de bibliothèque de 2 fr. 50 c. par chaque inscription.

(*Loi du 3 août 1875; décret du 22 août 1854; arrêté du 24 août 1838.*)

DIPLOME DE LICENCIÉ EN THÉOLOGIE.

Pour obtenir le diplôme de licencié en théologie dans une faculté catholique, il faut : 1° produire le diplôme de bachelier en théologie; 2° prendre quatre inscriptions dans une faculté de théologie; 3° subir deux
examens, le premier sur la théologie sacramentelle et morale, le second

sur l'Écriture sainte, l'histoire ecclésiastique et le droit canonique; soutenir deux thèses, l'une en latin, l'autre en français, sur un sujet de théologie morale.

Les droits des inscriptions, des examens et du diplôme sont de 55 francs, y compris le droit de bibliothèque de 2 fr. 50 c. par chaque inscription.

(Loi du 3 août 1875; décret du 22 août 1854; arrêté du 24 août 1838.)

DIPLOME DE DOCTEUR EN THÉOLOGIE.

Pour obtenir le diplôme de docteur en théologie dans une faculté catholique, il faut : 1° produire le diplôme de licencié en théologie; 2° prendre quatre inscriptions dans une faculté de théologie; 3° subir un examen sur toutes les matières de l'enseignement théologique; 4° soutenir une thèse, en latin ou en français, sur une question importante de la science ecclésiastique.

Les droits des inscriptions, de l'examen, de la thèse et du diplôme sont de 90 francs, y compris le droit de bibliothèque de 2 fr. 50 c. par chaque inscription.

(Loi du 3 août 1875; décret du 22 août 1854; arrêté du 24 août 1838.)

DIPLOMES DES FACULTÉS DE THÉOLOGIE PROTESTANTE.

Pour obtenir le diplôme de bachelier dans une faculté de théologie protestante, il faut : 1° produire un extrait de naissance constatant que le candidat est âgé de vingt ans; 2° produire le diplôme de bachelier ès lettres (p. 23); 3° avoir suivi pendant trois ans les cours d'une faculté de théologie; 4° prendre quatre inscriptions; 5° faire six compositions écrites et subir six examens oraux sur les matières suivantes : la philosophie et son histoire, le grec et l'hébreu, l'histoire ecclésiastique, l'exégèse, le dogme et la critique sacrée, la morale évangélique et l'éloquence de la chaire; 6° soutenir une thèse. Tout candidat au ministère pastoral doit justifier obligatoirement du grade de bachelier en théologie.

Pour obtenir le diplôme de licen... dans une faculté de théologie protestante, il faut : 1° prendre quatre inscriptions; 2° subir les mêmes épreuves orales et écrites que pour le baccalauréat; 3° soutenir deux thèses publiques, dont l'une est nécessairement en latin.

Pour obtenir le diplôme de docteur dans une faculté de théologie protestante, il faut : 1° prendre quatre inscriptions; 2° soutenir une thèse imprimée.

Les frais d'examen s'élèvent, y compris le droit de bibliothèque de 2 fr. 50 c. par chaque inscription : pour le baccalauréat, à 55 francs; pour la licence, à 55 francs; pour le doctorat, à 90 francs.

(Loi du 3 août 1875; décrets des 17 mars 1808 et 22 août 1854; arrêté du 14 mai 1828.)

CONDITIONS D'ADMISSION
AUX FONCTIONS DE L'ENSEIGNEMENT PUBLIC [1].

INSTRUCTION PRIMAIRE.

DIRECTRICE DE SALLE D'ASILE COMMUNALE.

Pour être directrice de salle d'asile communale, il faut être pourvue d'un certificat d'aptitude (p. 5) et être âgée de vingt-quatre ans.

Les lettres d'obédience délivrées par les supérieures de congrégations religieuses régulièrement reconnues, et attestant que les postulantes ont été exercées à la direction d'une salle d'asile, tiennent lieu de certificat d'aptitude.

Les directrices de salle d'asile communale sont nommées par le préfet, sur la proposition de l'inspecteur d'académie; celles appartenant à une congrégation religieuse sont nommées sur la proposition de la supérieure.

Peut être admise à diriger à titre provisoire une salle d'asile communale ne recevant pas plus de trente à quarante enfants, la postulante, âgée de vingt et un ans, qui est déjà sous-directrice et pourvue d'un certificat de stage de deux mois dans une salle d'asile modèle ou au cours pratique (p. 84), ou munie d'une lettre spéciale d'obédience, comme membre de communauté religieuse.

Sont incapables de tenir une salle d'asile communale les personnes qui ont subi une condamnation pour crime ou pour un délit contraire à la probité ou aux mœurs, ou qui ont été interdites des fonctions d'institutrice par un conseil départemental.

(Loi du 15 mars 1850; décret du 21 mars 1855.)

SOUS-DIRECTRICE ADJOINTE DE SALLE D'ASILE COMMUNALE.

Pour être sous-directrice adjointe de salle d'asile communale, il faut être pourvue d'un certificat de stage de deux mois dans une salle d'asile modèle ou au cours pratique (p. 84) et être âgée de vingt ans.

Les lettres spéciales d'obédience délivrées par les supérieures des congrégations religieuses tiennent lieu de certificat de stage.

1. Ce résumé des conditions exigées pour les diverses fonctions de l'enseignement public a été tenu au courant des derniers décrets et arrêtés qui ont pu y apporter quelques modifications. Pour plus de détails consulter la collection des Programmes officiels, publiés à la Librairie Delalain. Chaque programme se vend séparément.

Les sous-directrices des salles d'asile communales sont nommées par le maire, sur la proposition du comité de patronage; celles appartenant à une congrégation religieuse sont nommées sur la proposition de la supérieure.

(Loi du 15 mars 1850; décret du 21 mars 1855.)

INSTITUTRICE PRIMAIRE COMMUNALE.

Pour être institutrice primaire communale, il faut être pourvue d'un brevet de capacité (p. 6) ou d'un titre équivalent et avoir vingt et un ans accomplis.

Le brevet de capacité peut être remplacé par un certificat de stage constatant qu'on a enseigné pendant trois ans au moins dans une école publique ou libre autorisée à recevoir des stagiaires; ce certificat est délivré par le conseil départemental, qui est libre de le refuser ou de l'accorder.

Les lettres d'obédience tiennent lieu de brevet de capacité aux institutrices appartenant à des congrégations religieuses vouées à l'enseignement et reconnues par l'État.

Les institutrices communales laïques sont nommées par le préfet sur la proposition de l'inspecteur d'académie; celles appartenant à une congrégation religieuse sont nommées sur la proposition de la supérieure.

Pour tenir un pensionnat, il faut, indépendamment des conditions ci-dessus, être âgée de vingt-cinq ans, et avoir au moins cinq ans d'exercice comme institutrice ou comme maîtresse dans un pensionnat primaire. La postulante doit avoir de plus l'autorisation du conseil départemental, sur l'avis du conseil municipal.

Les cas d'incapacité dont peuvent être atteints les candidats au titre d'instituteur communal (p. 43) sont également applicables aux institutrices communales.

(Lois des 15 mars 1850, 14 juin 1854, 21 juin 1865 et 10 avril 1867;
décrets des 7 octobre 1850, 9 mars 1852 et 31 décembre 1853.)

INSTITUTRICE ADJOINTE COMMUNALE.

Les institutrices primaires adjointes d'écoles communales de filles ne sont pas soumises à l'obtention d'un brevet de capacité; elles doivent être âgées de dix-huit ans.

Les institutrices adjointes laïques d'école communale sont nommées par l'institutrice, avec l'agrément du préfet; celles appartenant à une congrégation religieuse sont nommées par les supérieures, avec l'agrément du préfet.

Les institutrices adjointes peuvent être appelées à la direction d'une école de hameau; les institutrices laïques sont nommées par le préfet, sur la proposition de l'inspecteur d'académie ; celles appartenant à une congrégation religieuse sont nommées par les supérieures, avec l'agrément du préfet.

(Lois des 15 mars 1850, 15 juin 1854 et 10 avril 1867.)·

DIRECTRICE DE CLASSE COMMUNALE D'ADULTES-FEMMES.

Pour être directrice de classe communale d'adultes-femmes, il faut être pourvue d'un brevet d'institutrice primaire (p. 6) et avoir vingt et un ans accomplis.

Les directrices de classe communale d'adultes sont nommées par le préfet, sur la proposition de l'inspecteur d'académie.

L'institutrice communale qui veut ouvrir le soir une classe d'adultes doit en demander l'autorisation au conseil départemental. Le préfet peut lui accorder d'urgence cette autorisation à titre provisoire.

(Lois des 15 mars 1850, 14 juin 1854, 21 juin 1865 et 10 avril 1867;
instruction du 2 novembre 1865.)

DIRECTRICE ET MAITRESSE ADJOINTE D'ÉCOLE NORMALE PRIMAIRE.

Les directrices et maîtresses adjointes d'école normale primaire ne sont soumises légalement à aucune condition spéciale.

Elles sont nommées par le ministre, qui peut demander la justification d'un brevet.

(Instruction du 31 octobre 1854.)

INSTITUTEUR PRIMAIRE COMMUNAL.

Pour être instituteur primaire communal, il faut être pourvu d'un brevet de capacité (p. 7) ou d'un titre équivalent et avoir vingt et un ans accomplis.

Le brevet de capacité peut être remplacé, comme titre équivalent, par le diplôme de bachelier (p. 23 et 26), ou par un certificat d'admission dans une des écoles spéciales de l'État [1], ou par le titre de ministre, non interdit ni révoqué, de l'un des cultes reconnus par l'État. Il peut être aussi suppléé par un certificat de stage constatant qu'on a enseigné pendant trois ans au moins dans une école primaire publique ou libre autorisée à recevoir

---

1. Suppléent au brevet de capacité : les certificats d'admission à l'École normale supérieure, à l'école polytechnique, à l'école militaire de Saint-Cyr, à l'école forestière, à l'école navale, à l'école centrale des arts et manufactures, à l'école des mineurs de Saint-Étienne et à celle d'Alais, à l'école des chartes. (<i>Décrets des 31 mars 1851 et 3 février 1874.</i>)

des stagiaires; ce certificat est délivré par le conseil départemental, qui est juge de l'accorder ou de le refuser [1].

Les instituteurs communaux sont nommés par le préfet, sur la présentation de l'inspecteur d'académie ; ceux appartenant à une congrégation religieuse sont nommés sur la proposition du supérieur.

Un instituteur primaire communal, pour tenir un pensionnat, doit être âgé de vingt-cinq ans et avoir au moins cinq ans d'exercice comme instituteur ou comme maître dans un pensionnat primaire. Il doit de plus obtenir l'autorisation du conseil départemental, sur l'avis du conseil municipal.

Sont incapables de tenir une école publique, ou d'y être employés, les individus qui ont subi une condamnation pour crime ou pour un délit contraire à la probité ou aux mœurs, les individus privés par jugement de tout ou partie des droits mentionnés en l'article 42 du code pénal, et ceux qui ont été interdits des fonctions d'instituteur en vertu des articles 30 et 33 de la loi du 15 mars 1850.

(Lois des 15 mars 1850, 14 juin 1854, 21 juin 1865 et 10 avril 1867; décrets des 7 octobre 1850, 9 mars 1852, 31 décembre 1853 et 29 décembre 1860.)

INSTITUTEUR ADJOINT COMMUNAL.

Les instituteurs primaires adjoints d'école communale ne sont pas soumis à l'obtention d'un brevet; ils doivent être âgés de dix-huit ans.

Les instituteurs adjoints laïques d'école communale sont nommés par l'instituteur, avec l'agrément du préfet; ceux appartenant à une congrégation religieuse sont nommés par les supérieurs de ces associations, avec l'agrément du préfet.

Les instituteurs adjoints peuvent être appelés à la direction d'une école de hameau; les instituteurs laïques sont en ce cas nommés par le préfet, sur la présentation de l'inspecteur d'académie; ceux appartenant à une congrégation religieuse sont nommés sur la proposition du supérieur.

Ne peuvent être employés dans les écoles comme instituteurs adjoints les individus atteints de l'une des incapacités déterminées par l'article 26 de la loi du 15 mars 1850, ou qui, ayant appartenu à l'enseignement public, ont été révoqués avec interdiction, conformément à l'article 14 de la même loi.

(Lois des 15 mars 1850 et 10 avril 1867; décrets des 30 décembre 1853 et 29 décembre 1860.)

1. Les divers titres qui suppléent au brevet de capacité ne donnent droit à l'augmentation de traitement accordée par l'article 3 de la loi du 19 juillet 1875 qu'après un examen complémentaire. *(Décret et arrêté du 15 janvier 1877.)*

DIRECTEUR DE CLASSE COMMUNALE D'ADULTES-HOMMES.

Pour être directeur de classe communale d'adultes-hommes, il faut être pourvu d'un brevet d'instituteur primaire (p. 7) et avoir vingt et un ans accomplis.

Les directeurs de classe communale d'adultes sont nommés par le préfet, sur la proposition de l'inspecteur d'académie.

L'instituteur communal qui veut ouvrir le soir une classe d'adultes doit en demander l'autorisation au conseil départemental. Le préfet peut lui accorder d'urgence cette autorisation à titre provisoire.

(Lois des 15 mars 1850, 14 juin 1854, 21 juin 1865 et 10 avril 1867; instruction du 2 novembre 1865.)

DIRECTEUR D'ÉCOLE NORMALE PRIMAIRE.

Pour être directeur d'école normale primaire, il faut être déjà employé dans les services de l'instruction primaire et justifier du certificat d'aptitude au titre d'inspecteur de l'instruction primaire (p. 9).

Les directeurs des écoles normales primaires sont nommés par le ministre.

(Décret du 2 juillet 1866; ordonnance du 18 novembre 1845; arrêté du 14 décembre 1832; circulaire du 31 octobre 1854.)

MAITRE ADJOINT D'ÉCOLE NORMALE PRIMAIRE.

Les maîtres adjoints des écoles normales primaires ne sont pas assujettis légalement à l'exigence d'un brevet.

Ils sont nommés par le ministre, qui peut demander la justification d'un brevet.

(Décret du 2 juillet 1866; arrêté du 14 décembre 1832; circulaire du 31 octobre 1854.)

INSTRUCTION SECONDAIRE.

PRINCIPAL DE COLLÈGE.

Pour être principal de collège, il faut être pourvu du diplôme de bachelier ès lettres ou ès sciences (p. 23 et 26). Le titre d'agrégé (p. 10) donne lieu à un supplément de traitement. Les principaux régulièrement chargés d'une classe et pourvus du grade de licencié ès lettres ou licencié ès sciences ont également droit à une indemnité annuelle, qui ne peut toutefois être cumulée avec celle qui est attachée au titre d'agrégé ou admissible à l'agrégation.

Les principaux de collège sont nommés par le ministre.

(Décrets des 17 mars 1808 et 10 avril 1852; arrêté du 6 avril 1878; circulaire du 25 janvier 1874.)

PROFESSEUR DE COLLÉGE.

Pour être professeur de collège, il faut être pourvu du diplôme de bachelier ès lettres ou ès sciences (p. 23 et 26), selon que l'on doit enseigner les lettres ou les sciences.

Pour être définitivement nommé aux chaires de philosophie, de mathématiques, de physique, de rhétorique, d'humanités, d'histoire, dans les collèges de première classe, il faut être licencié ès lettres (p. 25) ou licencié ès sciences (p. 28).

Les professeurs chargés des cours d'enseignement primaire annexés à un collège doivent être pourvus du brevet complet d'instituteur primaire (p. 8), à défaut du diplôme de bachelier.

Les professeurs des classes supérieures sont nommés directement par le ministre; ceux des classes de grammaire sont nommés sur la présentation du recteur.

Les chaires vacantes dans les collèges de première classe sont données de préférence aux professeurs des collèges de deuxième classe et aux maîtres répétiteurs des lycées.

Le titre d'agrégé donne lieu à une augmentation de traitement. Une indemnité annuelle est également acquise aux professeurs des collèges communaux pourvus du grade de licencié ès lettres ou de licencié ès sciences; toutefois cette indemnité ne peut être cumulée avec celle à laquelle ces fonctionnaires peuvent avoir déjà droit comme agrégés ou admissibles à l'agrégation.

(Décrets des 17 août 1853, 22 août 1854 et 12 janvier 1867; ordonnances des 29 janvier 1839 et 14 novembre 1844; arrêtés des 16 novembre 1847, 18 mars 1856 et 6 avril 1878.)

MAITRE D'ÉTUDE DE COLLÈGE.

Pour être maître d'étude dans un collège, il faut être pourvu du diplôme de bachelier ès lettres ou ès sciences (p. 23 et 26).

Les maîtres d'étude sont nommés par le ministre, sur la présentation du recteur.

(Décret du 10 avril 1852; ordonnances des 29 janvier 1839 et 14 novembre 1844; arrêtés des 7 janvier 1845 et 16 novembre 1847.)

PROVISEUR DE LYCÉE.

Pour être proviseur d'un lycée, il faut être licencié ès lettres (p. 25) ou licencié ès sciences (p. 28); le titre d'agrégé (p. 40) donne lieu à un supplément de traitement dans les départements.

Les proviseurs sont nommés par le ministre.

> (*Décrets du 17 mars 1808 et du 31 décembre 1873; ordonnance du 26 mars 1829.*)

CENSEUR DES ÉTUDES DE LYCÉE.

Pour être censeur des études dans un lycée, il faut être licencié ès lettres (p. 25) ou licencié ès sciences (p. 28) et compter cinq années d'exercice de l'enseignement.

Les censeurs des études peuvent être aussi choisis parmi les licenciés pourvus du titre d'officier d'académie, qui ont rempli pendant cinq années les fonctions, soit de chargés de cours dans un lycée, soit de surveillants généraux pourvus d'une nomination ministérielle, soit de principaux de collèges.

Les censeurs des études sont nommés par le ministre.

> (*Décret du 29 juillet 1859; ordonnances des 29 septembre 1832 et 6 décembre 1845; arrêté du 16 novembre 1847.*)

PROFESSEUR DE LETTRES OU DE SCIENCES DE LYCÉE.

Pour être professeur titulaire dans un lycée, il faut avoir vingt-cinq ans accomplis, compter cinq années d'exercice dans l'enseignement public et être agrégé de lycée pour l'ordre d'enseignement que l'on doit professer (p. 40). Toutefois ceux qui ont obtenu le titre d'agrégé avant l'âge de vingt-cinq ans peuvent être nommés professeurs titulaires à titre provisoire et jouir en cette qualité de la totalité du traitement attaché à leur emploi.

Les agrégés de tout ordre de l'enseignement secondaire classique peuvent être nommés professeurs titulaires de l'enseignement secondaire spécial.

Les professeurs des lycées sont nommés par le ministre.

> (*Décrets des 10 avril 1852, 16 avril 1853, 22 août 1854, 28 mars 1876 et 26 novembre 1875; ordonnance du 27 février 1821.*)

PROFESSEUR DE LANGUES VIVANTES DE LYCÉE.

Pour être professeur titulaire de langues vivantes dans un lycée, il faut être agrégé des langues vivantes (p. 44). Les autres dispositions relatives aux professeurs de lettres ou de sciences sont également applicables aux professeurs de langues vivantes.

Pour être appelé aux fonctions de chargé de cours d'une langue vivante dans un lycée, il faut avoir obtenu un certificat d'aptitude à cet enseigne-ment (p. 19).

Les professeurs et les chargés de cours de langues vivantes sont nommés par le ministre.

(*Arrêtés des 2 novembre 1841, 29 décembre 1855, 27 juillet 1860 et 16 juillet 1861.*)

SURVEILLANT GÉNÉRAL DE LYCÉE.

Pour être surveillant général dans un lycée, il faut être pourvu du diplôme de bachelier ès lettres ou ès sciences (p. 23 et 26), avoir été pendant cinq ans maître répétiteur de première classe dans un lycée, et avoir fait preuve d'une aptitude particulière pour la direction de la jeu-nesse.

Les surveillants généraux sont nommés par le ministre, sur la présen-tation du proviseur et l'avis du recteur.

(*Décrets des 10 avril 1852, 17 août 1853 et 29 juillet 1859; ordon-nance du 6 décembre 1845 ; arrêté du 16 novembre 1847.*)

MAITRE RÉPÉTITEUR DE LYCÉE.

Pour être nommé aspirant répétiteur dans un lycée, il faut être pourvu du diplôme de bachelier ès lettres ou ès sciences (p. 23 et 26), ou du brevet de capacité de l'enseignement secondaire spécial (p. 22) et être âgé de dix-huit ans.

Pour être nommé maître répétiteur de deuxième classe, il faut avoir exercé pendant un an au moins les fonctions d'aspirant répétiteur.

Pour être nommé maître répétiteur de première classe, il faut ou bien avoir exercé pendant un an au moins les fonctions de maître répétiteur de deuxième classe et être pourvu du grade de licencié ès lettres (p. 25) ou de licencié ès sciences (p. 28), ou avoir été admis aux épreuves orales de l'agrégation de grammaire ou de l'agrégation de l'enseignement secondaire spécial (p. 14 et 16); ou bien avoir exercé pendant trois ans les fonctions de maître répétiteur de deuxième classe.

Les maîtres répétiteurs et les aspirants répétiteurs sont nommés, promus ou révoqués par le ministre, sur la proposition du proviseur et l'avis motivé du recteur, qui sont chargés de s'assurer, au préalable, de la mora-lité et de l'aptitude des candidats. Ils peuvent être suspendus, en cas d'urgence, de leurs fonctions pendant un mois au plus par le proviseur, qui doit en référer immédiatement au recteur.

Les maîtres répétiteurs peuvent être chargés des classes élémentaires et remplacer les professeurs empêchés; ceux qui sont chargés des cours d'enseignement primaire annexés à un lycée doivent être munis du brevet complet d'instituteur primaire (p. 7), à défaut du diplôme de bachelier.

Des maîtres répétiteurs auxiliaires, résidant au lycée du chef-lieu de chaque académie, sont délégués temporairement dans les lycées de l'académie pour suppléer les maîtres répétiteurs ; ils sont assujettis aux conditions de grades exigées des maîtres répétiteurs.

(*Décrets des* 17 *août* 1853, 22 *août* 1854, 27 *juillet* 1859, 11 *janvier* 1868 *et* 27 *janvier* 1877; *arrêtés des* 14 *mars* 1854 *et* 18 *mars* 1865; *circulaires des* 2 *avril* 1856 *et* 27 *janvier* 1877.)

PROFESSEUR DE DESSIN.

Les professeurs de dessin des lycées sont nommés par le ministre. Ils sont choisis : 1° parmi les anciens élèves de l'école nationale des beaux-arts de Paris, munis du diplôme ou du certificat de capacité délivré par cette école (p. 107 et 110) ; 2° parmi les artistes pourvus d'un certificat de capacité délivré à la suite d'un examen spécial, dont les conditions seront ultérieurement fixées.

(*Arrêté du* 2 *juillet* 1878.)

PROFESSEUR DE GYMNASTIQUE.

Le candidat aux fonctions de professeur de gymnastique dans un établissement d'enseignement secondaire doit se faire inscrire, dans la dernière quinzaine du mois de juin, au chef-lieu de l'académie, en produisant son acte de naissance, un certificat de bonnes vie et mœurs, délivré par les autorités locales, et un état signalétique de ses services, s'il est ancien soldat. L'examen porte sur les exercices compris dans les programmes publiés en exécution du décret du 3 février 1869.

— —

INSTRUCTION SUPÉRIEURE.

PROFESSEUR DE FACULTÉ DE THÉOLOGIE[1].

Pour être professeur dans une faculté de théologie catholique de l'État, il faut être âgé de trente ans, être docteur en théologie (p. 39), et avoir fait, pendant deux ans au moins, soit un cours dans un établissement de

1. Nous suivons ici pour les facultés et écoles l'ordre de la statistique de l'Enseignement supérieur, publiée en 1878.

l'État, soit un cours particulier dûment autorisé, analogue à ceux qui sont professés dans les facultés.

Pour être professeur adjoint ou suppléant dans une faculté de théologie catholique, il faut avoir le grade de docteur en théologie (p. 39).

Les professeurs des facultés de théologie catholique sont nommés par le président de la République, sur la proposition du ministre et la présentation de l'archevêque ou de l'évêque du diocèse.

Les professeurs des facultés de théologie protestante sont nommés par le président de la République, sur la proposition du ministre et la présentation de l'autorité religieuse, d'après les votes des consistoires recueillis par le conseil central.

Le doyen est nommé par arrêté ministériel et pris parmi les professeurs; le ministre fixe la durée de son mandat.

(*Décrets des 17 mars 1808, 14 mars 1852 et 22 août 1854; ordonnance du 25 décembre 1830; arrêté du 6 mars 1830.*)

PROFESSEUR DE FACULTÉ DE DROIT.

Pour être professeur dans une faculté de droit de l'État, il faut être âgé de trente ans, être docteur en droit (p. 37), et avoir fait, pendant deux ans au moins, soit un cours dans un établissement de l'État, soit un cours particulier dûment autorisé, analogue à ceux qui sont professés dans les facultés.

Peuvent être nommés professeurs dans les facultés de droit les membres de l'Institut qui ont fait, pendant six mois au moins, un cours dans les conditions ci-dessus indiquées.

Les professeurs de faculté de droit sont nommés par le président de la République, sur la proposition du ministre, qui les choisit soit parmi les docteurs et les membres de l'Institut, soit sur une double liste de présentation qui est faite par la faculté où la vacance se produit et par le conseil académique.

Le doyen est nommé par arrêté ministériel et pris parmi les professeurs; la durée de ses fonctions est limitée à cinq ans.

(*Décrets des 21 septembre 1803, 9 mars 1852 et 22 août 1854.*)

AGRÉGÉ DE FACULTÉ DE DROIT.

Les suppléances dans les facultés de droit de l'État sont confiées par le ministre à des agrégés de faculté de droit ou à des docteurs en droit (p. 37). Les agrégés participent aux examens suivant les besoins du service. Le nombre des agrégés en exercice ne peut, dans chaque faculté de droit, excéder la moitié des professeurs titulaires.

La durée des fonctions des agrégés en exercice dans les facultés de droit est fixée à dix ans. Ils sont renouvelés, par moitié, tous les cinq ans.

Ils peuvent être maintenus dans leur titre ou dans leurs fonctions après l'expiration du temps légal d'exercice, ou même être rappelés à l'activité, si les besoins du service l'exigent.

Le titre d'agrégé de faculté de droit s'obtient à la suite de concours publics. Pour être admis à concourir, il faut être Français ou naturalisé Français, être âgé de vingt-cinq ans et être pourvu du diplôme de docteur en droit (p. 37) et en justifier par des actes authentiques. A ces pièces les candidats doivent joindre l'indication de leurs services et de leurs travaux, et déposer un exemplaire des ouvrages ou mémoires qu'ils ont publiés.

Les concours ont lieu à des époques indéterminées, fixées par le ministre et annoncées au moins six mois d'avance. Les candidats se font inscrire au secrétariat des diverses académies, deux mois au moins avant l'ouverture des épreuves.

Il y a pour ces concours deux sortes d'épreuves : 1° les épreuves préparatoires; 2° les épreuves définitives.

Les épreuves préparatoires, qui servent à dresser la liste des candidats admis aux épreuves définitives, consistent : 1° dans l'appréciation des services et des travaux antérieurs des candidats; 2° dans une composition sur une question de droit français; 3° dans une leçon orale faite sur un sujet de droit civil français; 4° dans une leçon orale faite sur un sujet de droit romain.

Les épreuves définitives consistent en une composition écrite, en deux leçons orales et en deux argumentations. La composition doit être écrite en latin et porte sur une question de droit romain. Les sujets des deux leçons orales sont empruntés, l'un au code civil, le second à une autre partie du droit français indiquée par les juges du concours. Chaque candidat soutient deux argumentations, l'une sur un titre du Digeste, l'autre sur une matière de droit civil français.

> (*Décret du 22 août 1854; arrêtés des 19 août 1857, 18 juillet 1861 et 16 novembre 1874.*)

PROFESSEUR DE FACULTÉ DE MÉDECINE.

Pour être professeur dans une faculté de médecine de l'État, il faut être âgé de trente ans, être docteur en médecine ou en chirurgie (p. 30), et avoir fait, pendant deux ans au moins, soit un cours dans un établissement de l'État, soit un cours particulier dûment autorisé, analogue à ceux qui sont professés dans les facultés.

Peuvent être nommés professeurs dans les facultés de médecine les membres de l'Institut qui ont fait, pendant six mois au moins, un cours dans les conditions ci-dessus indiquées.

Les professeurs des facultés de médecine sont nommés par le président de la République, sur la proposition du ministre, qui les choisit, soit parmi les docteurs et les membres de l'Institut, soit sur une double liste de pré-

4.

sentation qui est faite par la faculté où la vacance se produit et par le conseil académique.

Le doyen est nommé par arrêté ministériel et pris parmi les professeurs; la durée de ses fonctions est limitée à cinq ans. Deux professeurs, désignés annuellement par leurs collègues, lui sont adjoints pour le suppléer en cas d'absence et l'aider de leur avis s'il en est besoin; ils prennent le titre d'assesseurs.

(Décrets des 9 mars 1852 et 22 août 1854; ordonnance du 2 février 1823.)

AGRÉGÉ DE FACULTÉ DE MÉDECINE.

Les suppléances dans les facultés de médecine de l'État sont confiées par le ministre à des agrégés de facultés de médecine ou à des docteurs en médecine ou en chirurgie (p. 30). Les agrégés participent aux examens suivant les besoins du service.

Les agrégés demeurent en exercice pendant une période de neuf années; ils sont renouvelés tous les trois ans par tiers.

Ces agrégés sont partagés en quatre sections : 1° pour les sciences anatomiques et physiologiques, comprenant l'anatomie, la physiologie et l'histoire naturelle ; 2° pour les sciences physiques, comprenant la physique, la chimie, la pharmacie et la toxicologie ; 3° pour la médecine proprement dite et la médecine légale ; 4° pour la chirurgie et les accouchements.

Le titre d'agrégé de faculté de médecine s'obtient à la suite de concours publics. Pour être admis à concourir, il faut être Français ou naturalisé Français, être âgé de vingt-cinq ans accomplis et être pourvu du diplôme de docteur en médecine ou en chirurgie (p. 30).

Les concours ont lieu à des époques indéterminées, fixées par le ministre et annoncées au moins six mois d'avance. Les candidats se font inscrire au secrétariat des diverses académies, deux mois au moins avant l'ouverture des épreuves.

Il y a pour ces concours deux sortes d'épreuves : 1° les épreuves préparatoires; 2° les épreuves définitives.

Les épreuves préparatoires, qui servent à dresser la liste des candidats admis aux épreuves définitives, consistent : 1° dans l'appréciation des services et des travaux antérieurs des candidats; 2° dans une composition sur un sujet d'anatomie et de physiologie; 3° dans une leçon orale, faite sur une question empruntée à l'ordre d'enseignement pour lequel le candidat s'est inscrit.

Les épreuves définitives consistent en une leçon orale, en épreuves pratiques et en une argumentation. La leçon orale est faite sur un sujet emprunté à l'ordre d'enseignement pour lequel le candidat s'est inscrit. La nature et le nombre des épreuves pratiques imposées à chaque candidat sont déterminés par le président, de concert avec les membres du jury.

Pour l'argumentation, chaque candidat soutient une thèse dont le sujet est choisi dans l'ordre d'enseignement pour lequel il s'est inscrit.

(Décrets des 22 août 1854 et 10 août 1877; arrêtés des 19 août 1857,
16 novembre 1874 et 10 août 1877.)

PROFESSEUR DE FACULTÉ DES SCIENCES.

Pour être professeur dans une faculté des sciences de l'État, il faut être âgé de trente ans, être docteur ès sciences (p. 29), et avoir fait, pendant doux ans au moins, soit un cours dans un établissement de l'État, soit un cours particulier dûment autorisé, analogue à ceux qui sont professés dans les facultés.

Peuvent être nommés professeurs dans les facultés des sciences les membres de l'Institut qui ont fait, pendant six mois au moins, un cours dans les conditions ci-dessus indiquées.

Les professeurs des facultés des sciences de l'État sont nommés par le président de la République, sur la proposition du ministre, qui les choisit, soit parmi les docteurs et les membres de l'Institut, soit sur une double liste de présentation qui est faite par la faculté où la vacance se produit et par le conseil académique.

Le doyen est nommé par arrêté ministériel et pris parmi les professeurs ; le ministre fixe la durée de son mandat.

(Décrets des 17 mars 1808, 9 mars 1852 et 22 août 1854; arrêté du
17 décembre 1833.)

AGRÉGÉ DE FACULTÉ DES SCIENCES.

Les suppléances dans les facultés des sciences de l'État sont confiées par le ministre à des agrégés de faculté des sciences, qui participent aussi aux examens lorsque leur concours est jugé nécessaire.

Les agrégés des facultés des sciences sont à la disposition du ministre, qui les délègue, suivant les besoins du service, près les différentes facultés des sciences. Ils reçoivent, à raison de cette délégation, un traitement et restent en exercice durant neuf années, à l'expiration desquelles ils deviennent agrégés libres sans traitement.

Les agrégés sont partagés en trois sections : 1º section des sciences mathématiques ; 2º section des sciences physiques; 3º section des sciences naturelles.

Le titre d'agrégé de faculté des sciences s'obtient à la suite de concours publics. Les concours ont lieu tous les trois ans pour le tiers au plus des places; ils sont annoncés au moins six mois d'avance.

Pour être admis à concourir, il faut être Français ou naturalisé Français, être âgé de vingt-cinq ans accomplis et être pourvu du diplôme de docteur ès sciences (p. 29).

Les candidats so font inscrire au secrétariat des diverses académies, deux mois au moins avant l'ouverture des épreuves.

Le jury examine d'abord les travaux scientifiques des candidats et dresse, à la suite de cet examen, la liste définitive des candidats admis à subir les épreuves du concours.

Les candidats sont ensuite appelés : 1° à argumenter sur une ou plusieurs questions tirées au sort parmi celles qui ont été indiquées par le ministre au moins six mois avant l'ouverture du concours ; 2° à faire deux leçons : la première, sur un sujet tiré au sort parmi ceux que le jury a proposés ; la seconde, sur un sujet choisi par le jury entre trois sujets désignés par le candidat.

Les sujets d'argumentation et de leçons sont empruntés, selon l'ordre des études des candidats : dans la section des sciences mathématiques, à l'analyse, à la mécanique ou à l'astronomie ; dans la section des sciences physiques, à la physique ou à la chimie ; dans la section des sciences naturelles, à la zoologie, à la botanique ou à la géologie.

(*Décrets des 22 août 1854 et 2 novembre 1875 ; arrêtés des 19 août 1857 et 2 novembre 1875.*)

PROFESSEUR DE FACULTÉ DES LETTRES.

Pour être professeur dans une faculté des lettres de l'État, il faut être âgé de trente ans, être docteur ès lettres (p. 26) et avoir fait, pendant deux ans au moins, soit un cours dans un établissement de l'État, soit un cours particulier dûment autorisé, analogue à ceux qui sont professés dans les facultés.

Peuvent être nommés professeurs dans les facultés des lettres les membres de l'Institut qui ont fait, pendant six mois au moins, un cours dans les conditions ci-dessus indiquées.

Les professeurs des facultés des lettres de l'État sont nommés par le président de la République, sur la proposition du ministre, qui les choisit, soit parmi les docteurs ou les membres de l'Institut, soit sur une double liste de présentation qui est faite par la faculté où la vacance se produit et par le conseil académique.

Le doyen est nommé par arrêté ministériel et pris parmi les professeurs ; le ministre fixe la durée de son mandat.

(*Décrets des 17 mars 1808, 9 mars 1852 et 22 août 1854 ; arrêté du 17 décembre 1833.*)

AGRÉGÉ DE FACULTÉ DES LETTRES.

Les suppléances dans les facultés des lettres de l'État sont confiées par le ministre à des agrégés de faculté des lettres, qui participent aussi aux examens lorsque leur concours est jugé nécessaire.

Les agrégés des facultés des lettres sont à la disposition du ministre, qui les délègue, suivant les besoins du service, près les différentes facultés des lettres. Ils reçoivent, à raison de cette délégation, un traitement et restent en exercice durant neuf années, à l'expiration desquelles ils deviennent agrégés libres sans traitement.

Les agrégés sont partagés en trois sections : 1° section de littérature ancienne et moderne ; 2° section de philosophie ; 3° section d'histoire et de géographie.

Le titre d'agrégé de faculté des lettres s'obtient à la suite de concours publics. Des concours ont lieu tous les trois ans ; ils sont annoncés au moins six mois d'avance.

Pour être admis à concourir, il faut être Français ou naturalisé Français, être âgé de vingt-cinq ans accomplis et être pourvu du diplôme de docteur ès lettres (p. 26).

Les candidats se font inscrire au secrétariat des diverses académies, deux mois au moins avant l'ouverture des épreuves.

Le jury, composé de cinq membres, examine d'abord les travaux littéraires des candidats et dresse, à la suite de cet examen, la liste définitive de ceux qui sont admis à subir les épreuves du concours.

Les candidats sont ensuite appelés : 1° à argumenter sur une ou plusieurs questions tirées au sort parmi celles qui ont été indiquées par le ministre au moins six mois avant l'ouverture du concours ; 2° à faire deux leçons : la première, sur un sujet tiré au sort parmi ceux que le jury a proposés ; la seconde, sur un sujet choisi par le jury entre trois sujets désignés par le candidat.

Les sujets d'argumentation et de leçons sont empruntés, selon l'ordre des études des candidats : dans la section de littérature ancienne et moderne, à la littérature grecque, latine ou française, et de plus aux littératures étrangères, lorsque les candidats se destinent à ce genre d'enseignement ; dans la section de philosophie, à la philosophie ou à l'histoire de la philosophie ; dans la section d'histoire et de géographie, à l'histoire de l'antiquité, du moyen âge et des temps modernes, ou à la géographie comparée.

(Décrets des 22 août 1854 et 2 novembre 1875; arrêtés des 19 août 1857 et 2 novembre 1875.)

PROFESSEUR D'ÉCOLE SUPÉRIEURE DE PHARMACIE.

Pour être professeur d'une école supérieure de pharmacie de l'État ou d'une faculté mixte de médecine et de pharmacie pour l'enseignement de la pharmacie, il faut être âgé de trente ans, être docteur ès sciences physiques (p. 29), être pourvu du diplôme de pharmacien de première classe (p. 33), et avoir fait, pendant deux ans au moins, soit un cours dans un établissement de l'État, soit un cours dûment autorisé, analogue à ceux qui sont professés dans les écoles supérieures de pharmacie.

Peuvent être nommés professeurs dans les écoles supérieures de pharmacie les membres de l'Institut qui ont fait, pendant six mois au moins, un cours dans les conditions ci-dessus indiquées.

Les professeurs des écoles supérieures de pharmacie sont nommés par le président de la République, sur la proposition du ministre, qui les choisit, soit parmi les candidats pourvus des diplômes de docteur ès sciences et de pharmacien de première classe ou les membres de l'Institut, soit sur une double liste de présentation qui est faite par l'école où la vacance se produit et par le conseil académique.

Le directeur est nommé par arrêté ministériel et pris parmi les professeurs; la durée de ses fonctions est limitée à cinq ans.

(*Décrets des 9 mars 1852, 22 août 1854 et 17 janvier 1874; ordonnance du 27 septembre 1840.*)

AGRÉGÉ D'ÉCOLE SUPÉRIEURE DE PHARMACIE.

Les suppléances dans les écoles supérieures de pharmacie de l'État sont confiées par le ministre à des agrégés en pharmacie. Les agrégés participent aux examens suivant les besoins du service. Le nombre des agrégés en exercice dans chaque école est égal à celui des professeurs titulaires.

Les agrégés des écoles supérieures de pharmacie sont nommés pour dix ans et renouvelés par moitié, tous les cinq ans. Ils peuvent être maintenus dans leurs titres ou dans leurs fonctions après l'expiration du temps légal d'exercice, ou même être rappelés à l'activité, si les besoins du service l'exigent.

Les agrégés sont partagés en deux sections : 1° section de physique, de chimie et de toxicologie ; 2° section d'histoire naturelle médicale et de pharmacie.

Le titre d'agrégé d'école supérieure de pharmacie s'obtient à la suite de concours publics. Pour être admis à concourir, il faut être Français ou naturalisé Français, être âgé de vingt-cinq ans accomplis et être pourvu du diplôme de docteur ès sciences physiques ou naturelles (p. 29) et de celui de pharmacien de première classe (p. 33).

Les concours ont lieu à des époques indéterminées, fixées par le ministre et annoncées au moins six mois d'avance. Les candidats se font inscrire au secrétariat des diverses académies, deux mois au moins avant l'ouverture des épreuves.

Il y a pour ces concours deux sortes d'épreuves : 1° les épreuves préparatoires ; 2° les épreuves définitives.

Les épreuves préparatoires, qui servent à dresser la liste des candidats admis aux épreuves définitives, consistent : 1° dans l'appréciation des services et des travaux antérieurs des candidats; 2° dans une composition sur un sujet de pharmacie. Les candidats que le jury, d'après l'appréciation de leurs titres antérieurs, croit dignes d'être admis directement aux épreuves définitives sont dispensés de la composition.

Les épreuves définitives sont au nombre de trois : les leçons orales, l'argumentation, les épreuves pratiques. Il y a deux leçons orales, l'une faite sur un sujet d'histoire naturelle ou de chimie générale, l'autre sur une question relative à l'enseignement spécial pour lequel le candidat s'est inscrit. Les épreuves pratiques sont empruntées à l'ordre d'enseignement pour lequel le candidat s'est inscrit. La nature de chaque épreuve est déterminée par le président, de concert avec les membres du jury. Les préparations se font dans une salle fermée, sous la surveillance d'un membre du jury. L'épreuve terminée, les candidats font publiquement l'exposé des procédés qu'ils ont suivis et la description des plantes ou autres objets d'histoire naturelle qu'ils ont eu à examiner. Le résultat de l'épreuve de toxicologie est présenté sous forme de rapport judiciaire. L'épreuve de l'argumentation se fait sur une thèse présentée par chaque candidat. Les sujets de thèse, parmi lesquels chaque candidat choisit librement celui qui convient à ses études, sont publiés six mois avant l'ouverture des concours. Ces sujets correspondent aux différents ordres d'enseignement pour lesquels le concours est ouvert.

(*Décret du 22 août 1854 ; arrêtés des 19 août 1857 et 16 novembre 1874.*)

PROFESSEUR D'ÉCOLE DE MÉDECINE ET DE PHARMACIE DE PLEIN EXERCICE.

Pour être nommé professeur titulaire ou suppléant dans une école de médecine et de pharmacie de plein exercice, il faut produire les grades suivants : 1° pour être professeur de médecine, le doctorat en médecine (p. 30) ; 2° pour être professeur de pharmacie et de matière médicale, le titre de pharmacien de première classe (p. 33) ; 3° pour être professeur de physique et de chimie, la licence ès sciences physiques (p. 28) et le doctorat en médecine (p. 30) ou le titre de pharmacien de première classe (p. 33) ; 4° pour être professeur d'histoire naturelle médicale et matière médicale, la licence ès sciences naturelles (p. 28) et le doctorat en médecine (p. 30) ou le titre de pharmacien de première classe (p. 33).

Les professeurs titulaires sont nommés par le ministre ; les professeurs suppléants sont nommés à la suite de concours et pour dix années.

Le directeur est nommé par arrêté ministériel et pris parmi les professeurs ; la durée de ses fonctions est limitée à cinq ans.

(*Décret du 14 juillet 1875.*)

PROFESSEUR D'ÉCOLE PRÉPARATOIRE DE MÉDECINE ET DE PHARMACIE.

Pour être professeur titulaire dans les écoles préparatoires de médecine et de pharmacie, il faut être âgé de trente ans, avoir le diplôme de docteur en médecine ou en chirurgie (p. 30) ou celui de pharmacien de première classe (p. 33).

Les professeurs des écoles préparatoires sont nommés par le ministre, soit parmi les candidats pourvus du diplôme de docteur en médecine ou de pharmacien de première classe, soit sur une double liste de candidats présentée, l'une par l'école où la chaire est vacante, l'autre par la faculté de médecine dans la circonscription de laquelle l'école se trouve placée.

Les professeurs suppléants sont nommés au concours. Leur temps d'exercice est de six ans, après l'expiration desquels ils peuvent être maintenus dans leurs fonctions ou rappelés à l'activité, suivant les besoins du service.

Nul ne peut être admis à concourir pour la suppléance des écoles préparatoires, s'il n'est Français ou naturalisé Français et âgé de vingt-cinq ans accomplis ; le candidat doit de plus, selon la nature des chaires pour la suppléance desquelles il concourt, produire le diplôme de docteur en médecine (p. 30), de pharmacien de première classe (p. 33) ou de licencié ès sciences (p. 28).

Les concours ont lieu à des époques déterminées par le ministre et annoncées six mois avant l'ouverture.

Les épreuves du concours consistent dans une composition écrite, des leçons orales et des épreuves pratiques, portant sur des sujets empruntés à l'ordre d'enseignement auquel se rapporte la vacance déclarée, et dans l'appréciation des titres scientifiques des candidats.

La nomination est faite par le ministre, sur le rapport du président du jury du concours.

Le directeur est nommé par arrêté ministériel et pris parmi les professeurs ; la durée de ses fonctions est limitée à cinq ans.

(*Décrets des 9 mars 1852, 22 août 1854 et 10 août 1877; ordonnance du 13 octobre 1840; arrêté du 4 février 1874.*)

PROFESSEUR D'ÉCOLE PRÉPARATOIRE A L'ENSEIGNEMENT SUPÉRIEUR DES SCIENCES ET DES LETTRES.

La nomination des professeurs titulaires des écoles préparatoires à l'enseignement supérieur des sciences et des lettres n'est soumise à aucune condition spéciale.

Les professeurs de ces écoles sont nommés par le ministre, qui nomme également le directeur. Ils sont choisis ordinairement parmi les professeurs des lycées et des collèges, qui sont généralement licenciés ès lettres (p. 25) ou ès sciences (p. 28).

(*Décret du 22 août 1854.*)

MAITRES DE CONFÉRENCES DANS LES FACULTÉS.

Indépendamment des leçons données par les professeurs et les agrégés, il est institué, dans les facultés, des conférences destinées soit à compléter l'enseignement des professeurs par l'adjonction de leçons auxiliaires et d'un caractère intime, soit à élargir le cadre de l'enseignement accoutumé par le fonctionnement de nouveaux maîtres chargés de représenter au sein de l'établissement telle ou telle partie des sciences qui n'y aurait pas encore trouvé place. Les élèves inscrits dans les facultés sont seuls admis à suivre ces conférences.

Les maîtres de conférences sont nommés par le ministre pour une année; mais leur délégation peut être indéfiniment renouvelée. Ils sont choisis parmi les agrégés de facultés ou, à défaut, parmi les docteurs. Dans les facultés des sciences ou des lettres, les conférences peuvent être confiées à des membres sortants des écoles de Rome et d'Athènes ou à des répétiteurs de l'école pratique des hautes études, pourvus du grade de licencié, ou à des agrégés des lycées.

Les maîtres de conférences qui sont pourvus du grade de docteur peuvent seuls être admis à participer aux examens.

(Arrêté du 5 novembre 1877.)

ADMINISTRATION ACADÉMIQUE.

RECTEUR D'ACADÉMIE.

Pour être recteur d'académie, il faut avoir le grade de docteur dans une faculté (p. 26 et s.).

Les recteurs sont nommés par le président de la République, sur la proposition du ministre.

(Décrets des 9 mars 1852 et 22 août 1854.)

INSPECTEUR D'ACADÉMIE.

Pour être inspecteur d'académie, il faut être licencié dans une faculté (p. 25 et s.) ou compter dix ans d'exercice dans l'enseignement public ou libre.

Les inspecteurs d'académie sont nommés par le ministre. Ils sont choisis parmi les professeurs des facultés, les proviseurs et censeurs des lycées, les principaux des collèges, les chefs d'établissements secondaires libres, les professeurs des classes supérieures dans ces diverses catégories d'établissements, les agrégés des facultés et des lycées, les licenciés et les inspecteurs des écoles primaires.

> (*Lois des 15 mars 1850 et 14 juin 1854; décrets des 29 juillet 1850 et 22 août 1854.*)

INSPECTEUR DE L'INSTRUCTION PRIMAIRE.

Pour être inspecteur de l'instruction primaire, il faut être pourvu d'un certificat d'aptitude à ces fonctions (p. 9).

Sont dispensés de cet examen : les principaux des collèges, les chefs d'établissements particuliers d'instruction secondaire et les licenciés dans une faculté.

Les inspecteurs de l'instruction primaire sont nommés par le ministre.

> (*Loi du 15 mars 1850; décrets des 29 juillet 1850 et 21 juin 1858.*)

SECRÉTAIRE D'ACADÉMIE.

Pour être secrétaire d'académie, il faut être pourvu du diplôme de bachelier ès lettres ou ès sciences (p. 23 et 26) ou du brevet de capacité pour l'instruction primaire (p. 7).

Les secrétaires d'académie sont nommés par le ministre.

> (*Décrets des 29 juillet 1850, 13 février 1851 et 10 avril 1852.*)

SECRÉTAIRE AGENT COMPTABLE DE FACULTÉ.

Pour être secrétaire agent comptable de faculté, il faut être membre de l'enseignement public.

Les secrétaires agents comptables des facultés et des écoles supérieures de pharmacie ont un caractère mixte; ils sont nommés par le ministre de l'instruction publique et commissionnés par le ministre des finances. Ils doivent fournir au trésor un cautionnement en numéraire : le chiffre de ce cautionnement est fixé suivant l'importance des recettes de la faculté.

> (*Décrets des 31 octobre 1849 et 13 février 1851; ordonnance du 1er décembre 1837; règlement de comptabilité du 27 novembre 1834; arrêté du 24 août 1854.*)

ÉCONOME DE LYCÉE.

Pour être économe de lycée, il faut avoir exercé pendant trois ans au moins les fonctions de commis d'économat ou d'employé à l'administration centrale (p. 61).

Pour être commis d'économat, il faut être bachelier ès lettres (p. 23) ou ès sciences (p. 26), passer un examen spécial et avoir fait un stage.

Les économes sont nommés par le ministre. Ils doivent verser un cautionnement en numéraire : le chiffre de ce cautionnement est fixé suivant l'importance des recettes du lycée.

(Décrets des 31 octobre 1849 et 16 avril 1853; arrêté du 30 mars 1863.)

COMMIS D'ADMINISTRATION.

Les employés ou commis d'administration des académies, des inspections académiques et des secrétariats de faculté ont le titre de commis d'académie, d'inspection académique ou de faculté.

Pour être commis d'administration, il faut avoir été maître répétiteur de lycée, professeur ou maître d'étude de collège, ou avoir exercé pendant cinq ans les fonctions d'instituteur communal.

Les commis sont nommés par le ministre.

(Décret du 17 août 1853; ordonnance du 8 septembre 1845; arrêtés des 7 septembre et 23 novembre 1848 et 17 décembre 1857.)

ADMINISTRATION CENTRALE.

INSPECTEUR GÉNÉRAL DE L'INSTRUCTION PUBLIQUE.

Les inspecteurs généraux de l'instruction publique sont choisis parmi les recteurs, les inspecteurs d'académie, les membres de l'Institut, les professeurs des facultés, les proviseurs et censeurs des lycées, les principaux des collèges, les chefs d'établissements secondaires libres, les professeurs de classes supérieures des écoles publiques et libres, les agrégés des facultés et des lycées, les inspecteurs des écoles primaires.

Ils sont nommés par le président de la République, sur la proposition du ministre.

(Loi du 15 mars 1850; décret du 9 mars 1852.)

CHEF DE BUREAU ET EMPLOYÉ A L'ADMINISTRATION CENTRALE.

Pour être employé surnuméraire dans les bureaux de l'administration centrale du ministère de l'instruction publique, il faut être Français ou naturalisé, avoir dix-huit ans au moins et vingt-cinq ans au plus, être pourvu du diplôme de bachelier (p. 23 et 26), et avoir été déclaré admissible par le conseil d'administration, après un examen dont les conditions sont déterminées par un arrêté spécial.

Nul n'est nommé employé, s'il n'a été surnuméraire pendant un an. Nul n'est nommé sous-chef s'il n'a été employé de première classe pendant trois ans. Nul n'est nommé chef de bureau s'il n'a été sous-chef pendant cinq ans.

Peuvent être nommés directement employés : les inspecteurs des écoles primaires, les professeurs des collèges, les professeurs de quatrième et de troisième classe des lycées des départements.

Peuvent être nommés directement sous-chefs : les directeurs des écoles normales primaires, les professeurs de première et de deuxième classe et les censeurs des lycées des départements.

Peuvent être nommés directement chefs de bureau : les inspecteurs d'académie, les proviseurs des lycées des départements et de Paris, les censeurs et professeurs des lycées de Paris.

Les propositions du conseil d'administration relatives à l'avancement de grade ou de classe sont justifiées par l'aptitude, des candidats, l'ancienneté de leurs services et leur assiduité.

(*Décret du 18 juillet 1854; arrêtés des 28 juillet 1856 et 1er octobre 1872.*)

CONDITIONS D'ADMISSION
AUX BOURSES DES ÉTABLISSEMENTS D'INSTRUCTION.

FACULTÉS DE L'ÉTAT.

L'État entretient des bourses dans ses établissements d'enseignement supérieur. Le plus grand nombre de ces bourses est attribué aux facultés des départements ; les facultés de droit n'y ont point part ; les facultés de médecine et les écoles supérieures de pharmacie en obtiennent moins que les facultés des sciences et les facultés des lettres.

Ces bourses sont données au concours. Elles sont de deux sortes : les bourses de licencié et les bourses de docteur ou de pharmacien de première classe.

Les candidats doivent être Français et âgés de dix-huit ans au moins. En s'inscrivant au secrétariat de l'académie dans laquelle ils résident, ils doivent produire : 1º leur acte de naissance ; 2º leurs diplômes dans les sciences et dans les lettres ; 3º une note revêtue de leur signature et indiquant la profession de leur père, la demeure de leur famille, les établissements où ils ont fait leurs études et les lieux qu'ils ont habités depuis leur sortie de ces établissements ; 4º un certificat des chefs de ces établissements contenant, avec une appréciation de leur caractère et de leur aptitude, l'indication des succès obtenus dans le cours de leurs classes et des renseignements sur la situation de fortune de leur famille. Les candidats désignent en outre la faculté à laquelle ils désirent être attachés ; mais ils sont avertis qu'il sera tenu compte de cette désignation, sans que l'administration puisse s'engager à y répondre, les concours n'étant pas établis pour tel ou tel établissement, mais pour toutes les facultés d'un même ordre.

Les concours ont lieu au siège de la faculté.

Pour les bourses de licence, les épreuves comprennent : dans la section des lettres, une composition française suivie d'interrogations sur les auteurs des classes de rhétorique et de philosophie des lycées ; dans la section des sciences, une composition et des interrogations sur des sujets de mathématiques, de physique, de chimie ou d'histoire naturelle, suivant la destination spéciale du candidat. Les candidats à l'École normale supérieure déclarés admissibles aux épreuves orales et les élèves qui ont remporté un prix d'honneur au concours général de Paris et des départements peuvent obtenir une bourse de licence sans subir l'examen.

Pour les bourses de doctorat, les épreuves comprennent : dans la section des lettres, le commentaire de textes grecs et latins, ou de textes d'ancien français indiqués par le jury; dans la section des sciences, soit la solution d'une question de mathématiques portant sur les matières du programme de la licence, soit la reproduction et l'explication d'une expérience de cours, soit une épreuve portant sur l'anatomie animale et végétale ou sur la géologie et la paléontologie. A ces épreuves est jointe, pour la concession des bourses, l'appréciation des titres antérieurs des candidats. Peuvent être dispensés de ces épreuves : les auteurs de mémoires originaux approuvés ou couronnés par une des sections de l'Institut, les licenciés reçus à toutes boules blanches et les agrégés de l'Université qui ont deux années d'exercice dans les lycées.

Dans les facultés de médecine et dans les écoles supérieures de pharmacie, les sujets des concours pour les bourses, subis soit au début, soit au cours de la scolarité, sont déterminés annuellement par le ministre sur la proposition des facultés ou écoles. Ces sujets sont adressés par le ministre aux doyens et directeurs sous un pli cacheté, qui n'est ouvert qu'à l'ouverture de la séance du concours. Un étudiant ne peut être admis à concourir s'il n'a obtenu la note *satisfait* au dernier examen de médecine ou de pharmacie subi par lui à l'époque réglementaire.

Les bourses sont conférées par le ministre sur le vu des propositions faites par la faculté après la clôture des épreuves d'examen. Elles sont conférées pour un an; à la fin de l'année scolaire, les recteurs transmettent les rapports des doyens sur chacun des boursiers au ministre, qui décide s'il y a lieu de continuer aux titulaires la jouissance de leur bourse ou de la révoquer.

La durée normale des bourses de licence ès sciences et ès lettres est de deux ans; elle ne peut être prolongée au delà de ce terme que sur un rapport spécial et motivé du doyen, approuvé par le recteur.

La durée des bourses de doctorat ès sciences et ès lettres est également de deux ans sans prolongation.

La durée des bourses de médecine est de quatre ans, celle des bourses de pharmacie de trois ans. Cette durée ne peut être prolongée qu'en faveur des internes ou externes des hôpitaux ou des lauréats des facultés et écoles supérieures.

Le montant de la bourse d'études est de 1,200 francs.

(*Loi du 30 mars* 1878 ; *arrêtés des 5 novembre* 1877, 7 *et* 29 *juin* 1878 ; *circulaire du 10 février* 1878.)

LYCÉES ET COLLÈGES DE L'ÉTAT.

Il existe dans les lycées et les collèges de l'État trois natures de bourses, nationales, départementales et communales, pour deux sortes d'enseignements, l'enseignement secondaire classique et l'enseignement secondaire spécial.

Les boursiers nationaux sont nommés, sur la proposition du ministre de l'instruction publique, par le président de la République, à raison des services de leurs parents. Les services militaires sont constatés par des états dûment certifiés; les services civils, par les préfets ou par les ministres compétents.

Les bourses départementales sont accordées par les conseils généraux, sur l'avis motivé des proviseurs ou des principaux et des bureaux d'administration.

Les bourses communales sont conférées par les conseils municipaux et confirmées, après avis du préfet, par les recteurs.

Les candidats aux bourses nationales, départementales et communales doivent justifier, par un examen préalable, qu'ils sont en état de suivre la classe correspondant à leur âge. La commission chargée d'examiner les candidats se réunit à la préfecture de chaque département, du 1er au 15 avril et du 1er au 15 juillet. Les candidats examinés ne peuvent obtenir une bourse qu'autant qu'ils ont mérité, dans les résultats comparés des deux épreuves, au moins la moyenne *cinq*. Le chiffre *dix* exprime la note la plus favorable. La liste des candidats admissibles, certifiée par le président et contenant les noms des candidats, avec l'indication de la moyenne qu'ils ont obtenue, est adressée au ministre. Il en est délivré un extrait, au secrétariat de la préfecture, aux parents des candidats, qui doivent joindre cette pièce à leur demande d'une bourse nationale, départementale ou communale. Le résultat de l'examen est valable pour les candidats aussi longtemps qu'ils appartiennent, par leur âge, à la catégorie dans laquelle ils ont été examinés.

Les familles des candidats doivent les faire inscrire, du 15 au 30 mars ou du 15 au 30 juin, au secrétariat de la préfecture du département de leur résidence où de la résidence de leurs enfants. Lors de l'inscription pour les examens, elles doivent produire : 1° l'acte de naissance de l'enfant; 2° un certificat de bonne conduite délivré par le chef de l'établissement où le candidat a commencé ses études.

Pour être admis aux examens pour l'enseignement secondaire classique, les candidats doivent avoir neuf ans accomplis et n'avoir pas plus de dix-sept ans; pour les examens de l'enseignement secondaire spécial, ils doivent avoir dix ans accomplis et n'avoir pas plus de quinze ans.

L'examen comprend, pour chaque série de candidats, une épreuve écrite et une épreuve orale sur des matières prises dans les programmes de l'enseignement secondaire classique ou de l'enseignement secondaire spécial, et variant suivant l'âge des candidats.

Les familles des candidats aux bourses nationales doivent envoyer au ministre de l'instruction publique, à l'appui de leur demande en concession de bourse : 1° l'acte de naissance de l'enfant; 2° le certificat de bonne conduite délivré par le chef de l'établissement où le candidat a commencé ses études; 3° un extrait de la liste des admissibles, délivré au secrétariat de la préfecture, avec l'indication de la moyenne obtenue par le candidat; 4° une note détaillée ou un état dûment certifié des services sur lesquels la demande est fondée; 5° un bulletin indicatif du montant annuel de leurs ressources de toute nature, ainsi que du nombre et de

l'âge de leurs enfants, et des charges quelconques qu'elles ont à supporter. Cet état doit être certifié par le préfet du département.

Les familles doivent fournir un trousseau complet, à moins qu'elles n'en
obtiennent le dégrèvement.

Vingt-quatre bourses nationales sont réservés dans les lycées de la mé-
tropole aux jeunes gens originaires des colonies de la Guadeloupe, de la
Martinique, de la Réunion et de la Guyane. Les boursiers coloniaux sont
nommés par le ministre de l'instruction publique, sur la présentation du
ministre de la marine et d'après les propositions des gouverneurs des
colonies; ils sont soumis aux mêmes conditions que les candidats aux
bourses de l'État. Les administrations coloniales accordent également, sur
leurs budgets respectifs, soit des bourses, soit des subventions, dans les
établissements d'instruction publique locaux ou métropolitains.

> (*Loi du 10 août 1871; décrets des 7 février 1852 et 12 janvier 1870;
> arrêtés des 9 février 1852, 21 mai 1853, 6 et 30 mars 1866 et
> 23 juillet 1874.*)

PRYTANÉE MILITAIRE.

Trois cents places gratuites et cent places demi-gratuites sont instituées
au Prytanée militaire de La Flèche, en faveur des fils d'officiers servant
encore ou ayant servi dans les armées françaises, des fils d'officiers de la
garde nationale mobile tués ou retraités par suite de blessures, ou des
fils de sous-officiers de l'armée et de la garde nationale mobile morts au
champ d'honneur. Elles sont accordées de préférence aux orphelins de
père et de mère.

Tout enfant présenté pour obtenir une bourse au Prytanée militaire
doit : 1° être né Français; 2° avoir plus de onze ans et en compter moins
de treize à l'époque des admissions, fixées invariablement au 1er octobre
de chaque année.

Toute demande d'admission gratuite au Prytanée doit être établie sur
papier timbré, et remise au préfet du département dans lequel le pétition-
naire a son domicile, qui l'instruit et la transmet au ministre de la guerre
avant le 1er juillet. Elle doit être accompagnée : 1° de l'acte de naissance
de l'enfant, dûment légalisé; 2° d'une déclaration d'un docteur en médecine ou en chirurgie attaché à un hospice civil ou à un hôpital militaire,
dûment légalisée et constatant que l'enfant a eu la petite vérole ou qu'il
a été vacciné, et qu'il n'est atteint ni d'affection chronique ni de maladie
contagieuse; 3° d'un certificat de bonne conduite, délivré par le chef de
l'établissement où le candidat a commencé ses études, constatant s'il a
déjà suivi des cours primaires et secondaires, et quelle est sa force relative; 4° d'un état authentique des services du père du candidat; 5° d'un
relevé du rôle des contributions et d'un certificat délivré par le maire du
lieu du domicile de la famille, énonçant exactement les moyens d'existence, le nombre d'enfants et les autres charges des parents; si le père

fait encore partie d'un corps de troupe, ce certificat doit être délivré par le conseil d'administration[1].

Tout candidat aux places gratuites doit subir, dans les premiers jours de juillet, un examen pour faire constater son degré d'instruction devant les jurys départementaux chargés d'examiner les enfants portés comme candidats aux bourses dans les lycées. A cet effet, les familles doivent faire inscrire leurs enfants, du 15 au 30 juin, à la préfecture du département où ils résident, afin de les présenter devant le jury au moment de l'ouverture du concours. Pour être reconnus admissibles, les candidats doivent obtenir une moyenne de *six*. Cet examen, composé d'épreuves écrites et d'épreuves orales, varie suivant la classe dans laquelle doit entrer le candidat, vu son âge. Les préfets transmettent au ministre de la guerre un extrait de la liste des admissibles, indiquant le nombre des points obtenus par chaque candidat.

Les familles des élèves gratuits ou demi-gratuits sont tenues de subvenir aux frais du trousseau.

. (*Décision de mars* 1878.)

1. Le Prytanée militaire peut également recevoir des élèves pensionnaires, qui sont même admis au-dessus de l'âge de treize ans, pourvu toutefois qu'ils n'aient pas atteint quatorze ans accomplis au 1er octobre de l'année courante. Les familles de ces candidats doivent fournir un certificat du maire de leur résidence, visé par le préfet et constatant qu'ils sont en état de payer la pension. Le prix de la pension est de 850 francs, et celui du trousseau est de 400 francs environ.

CONDITIONS EXIGÉES

POUR L'EXERCICE DE L'ENSEIGNEMENT LIBRE.

INSTRUCTION PRIMAIRE.

SALLES D'ASILE LIBRES.

Pour avoir le droit d'ouvrir une salle d'asile libre, il faut être pourvue d'un certificat d'aptitude (p. 5) et être âgée de vingt-quatre ans.

Les lettres d'obédience délivrées par les supérieures de communautés religieuses, et attestant que les postulantes ont été particulièrement exercées à la direction d'une salle d'asile, tiennent lieu de certificat d'aptitude.

Peuvent toutefois diriger à titre provisoire, dès l'âge de vingt et un ans, une salle d'asile libre ne recevant pas plus de quarante enfants, les sous-directrices pourvues d'un certificat de stage de deux mois dans une salle d'asile modèle ou au cours pratique (p. 81), et les membres de communautés religieuses pourvues d'une lettre d'obédience.

Toute personne qui veut ouvrir une salle d'asile libre doit préalablement déclarer son intention au maire de la commune où elle désire s'établir, lui désigner le local et lui donner l'indication des lieux où elle a résidé et des professions qu'elle a exercées pendant les dix années précédentes. Cette déclaration, écrite sur papier timbré, doit être accompagnée de l'acte de naissance de la postulante et de son certificat d'aptitude ou de sa lettre spéciale d'obédience. Deux copies légalisées de cette déclaration sont remises par la postulante au sous-préfet et au procureur de la République, qui en délivrent récépissé ; une troisième copie est envoyée au préfet avec les récépissés du sous-préfet et du procureur de la République. Cette déclaration demeure affichée, par les soins du maire, à la porte de la mairie pendant un mois. S'il n'est pas formé d'opposition par l'administration, la salle d'asile peut être ouverte à l'expiration du mois.

Sont incapables de tenir une salle d'asile libre les personnes qui ont subi une condamnation pour crime ou pour un délit contraire à la probité ou aux mœurs, ou qui ont été interdites des fonctions d'institutrice par un conseil départemental.

(Lois des 15 mars 1850 et 14 juin 1854 ; décret du 21 mars 1855.)

ÉCOLES PRIMAIRES LIBRES DE FILLES.

Pour avoir le droit d'ouvrir un externat primaire libre de filles du second ordre, il faut être pourvue d'un brevet de capacité (p. 6) et être âgée de vingt et un ans.

Le brevet de capacité peut être remplacé par un certificat de stage constatant qu'on a enseigné pendant trois ans au moins dans une école publique ou libre autorisée à recevoir des stagiaires ; ce certificat est délivré par le conseil départemental, qui est libre de le refuser ou de l'accorder.

Les lettres d'obédience tiennent aussi lieu de brevet de capacité aux institutrices appartenant à des congrégations religieuses vouées à l'enseignement et reconnues par l'État.

Toute institutrice qui veut ouvrir un externat primaire libre du second ordre doit préalablement déclarer son intention au maire de la commune où elle désire s'établir, lui désigner le local et lui donner l'indication des lieux où elle a résidé et des professions qu'elle a exercées pendant les dix années précédentes. Cette déclaration, écrite sur papier timbré, doit être accompagnée de l'acte de naissance de la postulante, de son brevet de capacité ou de sa lettre d'obédience ou d'un certificat de stage. Deux copies légalisées de cette déclaration sont remises par la postulante au sous-préfet et au procureur de la République, qui en délivrent récépissé ; une troisième copie est envoyée au préfet avec les récépissés du sous-préfet et du procureur de la République. Cette déclaration demeure affichée, par les soins du maire, à la porte de la mairie pendant un mois. S'il n'est pas formé d'opposition par l'administration, l'école peut être ouverte à l'expiration du mois.

Pour tenir un pensionnat primaire du second ordre, il faut, indépendamment des conditions ci-dessus, être âgée de vingt-cinq ans, avoir au moins cinq ans d'exercice comme institutrice ou comme maîtresse dans un pensionnat primaire, et déclarer son intention au maire de la commune. Cette déclaration doit être accompagnée de l'acte de naissance de la postulante, de son acte de mariage, si elle est mariée, de son certificat de stage, du plan du local et du programme de l'enseignement. Copie de cette déclaration est adressée par la postulante au sous-préfet, au procureur de la République et au préfet. L'ouverture du pensionnat peut avoir lieu au bout du mois, comme ci-dessus s'il n'a pas été formé d'opposition par l'administration.

Les cas d'incapacité dont peuvent être atteints les candidats aux fonctions d'instituteur communal (p. 43) sont également applicables aux institutrices libres.

(*Lois des 15 mars 1850, 14 juin 1854, 21 juin 1865 et 10 avril 1867;
décrets des 7 octobre et 30 décembre 1850 et 31 décembre 1853.*)

MAISONS D'ÉDUCATION DE JEUNES FILLES.

Pour avoir le droit d'ouvrir un externat libre ou une maison d'éducation du premier ordre, il faut être pourvue d'un brevet de capacité spécial (p. 6) et être âgée de vingt et un ans.

Les lettres d'obédience tiennent lieu du brevet de capacité aux institutrices appartenant à des congrégations religieuses vouées à l'enseignement et reconnues par l'État.

Toute institutrice qui veut ouvrir un externat ou une maison d'éducation du premier ordre doit préalablement déclarer son intention au maire de la commune où elle désire s'établir, lui désigner le local et lui donner l'indication des lieux où elle a résidé et des professions qu'elle a exercées pendant les dix années précédentes. Cette déclaration, écrite sur papier timbré, doit être accompagnée de l'acte de naissance de la postulante et de son brevet de capacité, ou de la lettre d'obédience. Deux copies légalisées de cette déclaration sont remises par la postulante au sous-préfet et au procureur de la République, qui en délivrent récépissé; une troisième copie est envoyée au préfet avec les récépissés du sous-préfet et du procureur de la République. Cette déclaration reste affichée, par les soins du maire, à la porte de la mairie pendant un mois. S'il n'est pas formé d'opposition par l'administration, l'école peut être ouverte à l'expiration du mois.

Pour joindre un pensionnat à une maison d'éducation du premier ordre et être maîtresse de pension, il faut, indépendamment des conditions ci-dessus, être âgée de vingt-cinq ans, avoir au moins cinq années d'exercice comme institutrice ou maîtresse dans un pensionnat, et déclarer par écrit son intention au maire de la commune, en y joignant son certificat de stage, le plan du local et le programme de l'enseignement. Copie de cette déclaration est adressée par la postulante au sous-préfet, au procureur de la République et au préfet. S'il n'a pas été formé d'opposition, l'ouverture du pensionnat peut avoir lieu au bout d'un mois.

Les cas d'incapacité dont peuvent être atteints les candidats aux fonctions d'instituteur communal (p. 43) sont également applicables aux directrices de maisons d'éducation.

Les institutrices adjointes d'écoles libres ne sont pas soumises à l'obtention d'un brevet; elles doivent être âgées de dix-huit ans.

(Lois des 15 mars 1850, 14 juin 1854, 21 juin 1865 et 10 avril 1867; décrets des 7 octobre et 30 décembre 1850 et du 31 décembre 1853.)

COURS PUBLICS D'ENSEIGNEMENT PRIMAIRE À L'USAGE DES JEUNES FILLES.

Les dispositions applicables aux personnes qui veulent ouvrir des maisons d'éducation de jeunes filles ou des écoles libres (p. 68 et 69) sont également imposées aux professeurs-femmes et aux professeurs-hommes qui veulent inaugurer des cours publics pour les jeunes filles.

Les conseils départementaux peuvent, selon les degrés de l'enseignement, dispenser ces cours de l'application des prescriptions de la loi.

L'enseignement, dit secondaire, donné aux jeunes filles dans ces cours
peut être le même que l'enseignement spécial constitué pour les jeunes
gens. Il est divisé en trois ou quatre années, qui ont pour couronnement
la délivrance des diplômes institués pour l'enseignement secondaire spécial
(p. 21 et 22).

> (*Lois des 15 mars 1850 et 21 juin 1865; décret du 31 décembre 1853;*
> *circulaire du 30 octobre 1867.*)

ÉCOLES PRIMAIRES LIBRES DE GARÇONS.

Pour avoir le droit de tenir un externat primaire libre de garçons, il
faut être pourvu d'un brevet de capacité (p. 7) ou d'un titre équivalent[1]
et être âgé de vingt et un ans accomplis.

Tout instituteur qui veut ouvrir un externat primaire libre doit préalablement déclarer son intention au maire de la commune où il désire s'établir, lui désigner le local et lui donner l'indication des lieux où il a résidé
et des professions qu'il a exercées pendant les dix années précédentes.
Cette déclaration, écrite sur papier timbré, doit être accompagnée de l'acte
de naissance du postulant, de son brevet de capacité ou du titre équivalent. Deux copies légalisées de cette déclaration sont remises par le
postulant au sous-préfet et au procureur de la République, qui en délivrent
récépissé ; une troisième copie est envoyée au préfet avec les récépissés
du sous-préfet et du procureur de la République. Cette déclaration demeure
affichée, par les soins du maire, à la porte de la mairie pendant un mois.
S'il n'est pas formé d'opposition par l'administration, l'école peut être
ouverte à l'expiration du mois.

Pour tenir un pensionnat primaire, il faut, indépendamment des conditions ci-dessus, être âgé de vingt-cinq ans, avoir au moins cinq ans d'exercice comme instituteur ou comme maître dans un pensionnat primaire et
déclarer par écrit son intention au maire de la commune. Cette déclaration
doit être accompagnée de l'acte de naissance du postulant, de son acte de
mariage, s'il est marié, de son certificat de stage, du plan du local, du
programme de l'enseignement, du nombre des pensionnaires qu'il peut
recevoir et de la liste de ses maîtres et surveillants. Copie de cette déclaration est adressée par le postulant au sous-préfet, au procureur de la
République et au préfet. L'ouverture du pensionnat peut avoir lieu au
bout d'un mois, comme ci-dessus, s'il n'a pas été formé d'opposition par
l'administration.

Les cas d'incapacité dont peuvent être atteints les candidats aux fonctions d'instituteur communal (p. 43) sont également applicables aux
instituteurs libres.

1. Voir la note 1 de la page 42.

Les instituteurs primaires adjoints d'écoles libres ne sont pas soumis à l'obtention d'un brevet ; ils doivent être âgés de dix-huit ans.

(Lois des 15 mars 1850, 14 juin 1854, 21 juin 1865 et 10 avril 1867 ; décrets des 7 octobre et 30 décembre 1850.)

COURS PUBLICS D'ENSEIGNEMENT PRIMAIRE A L'USAGE DES JEUNES GENS.

Les dispositions applicables aux personnes qui veulent ouvrir des écoles primaires (p. 70) sont également imposées à celles qui veulent ouvrir des cours publics à l'usage des jeunes gens.

Les conseils départementaux peuvent, selon les degrés de l'enseignement, dispenser ces cours de l'application des prescriptions de la loi.

Lorsqu'il s'agit d'une réunion de professeurs qui veulent fonder des cours de ce genre, la déclaration faite par l'un d'eux est suffisante ; les autres maîtres sont considérés comme les adjoints du premier.

(Loi du 15 mars 1850 ; instruction du 2 novembre 1865.)

INSTRUCTION SECONDAIRE.

ÉTABLISSEMENTS LIBRES D'ENSEIGNEMENT SECONDAIRE CLASSIQUE.

Pour avoir le droit de diriger un établissement libre d'enseignement secondaire classique, il faut être âgé de vingt-cinq ans au moins, être muni d'un diplôme de bachelier (p. 23 et 26) ou du brevet de capacité de l'enseignement secondaire classique (p. 21) et avoir fait un stage d'au moins cinq ans, comme professeur ou surveillant, dans un établissement d'instruction secondaire public ou libre.

Les certificats de stage sont délivrés par le conseil départemental, sur l'attestation des chefs des établissements où le stage a été accompli. Le ministre, sur la proposition des conseils départementaux et l'avis conforme du conseil supérieur, peut accorder des dispenses de stage.

Pour pouvoir ouvrir l'établissement, il faut préalablement déclarer son intention à l'inspecteur d'académie du département où l'on se propose de s'établir et déposer entre ses mains les pièces suivantes: 1° son acte de naissance ; 2° un certificat de stage constatant que le postulant a rempli, pendant cinq ans au moins, les fonctions de professeur ou de surveillant dans un établissement d'instruction secondaire public ou libre ; 3° un diplôme de bachelier, ou le brevet spécial de capacité pour l'enseignement secondaire ; 4° le plan du local ; 5° l'indication de l'objet de l'enseignement.

Un mois après la remise de ces pièces, s'il n'est pas intervenu d'opposition de la part de l'administration, l'établissement peut être immédiatement ouvert.

Il est interdit aux chefs d'établissements libres d'instruction secondaire de donner aux institutions, pensionnats ou écoles qu'ils dirigent, les dénominations de *lycée* ou de *collège.*

Est incapable de tenir un établissement libre d'instruction secondaire quiconque est atteint de l'une des incapacités déterminées par l'article 26 de la loi du 15 mars 1850 ou qui, ayant appartenu à l'enseignement public, a été révoqué avec interdiction, conformément à l'article 14 de la même loi.

Ces dispositions sont applicables aux cours publics sur les matières de l'enseignement secondaire. Les conseils départementaux peuvent, selon les degrés de l'enseignement, dispenser ces cours de l'application desdites dispositions.

(*Lois des* 15 *mars* 1850 *et* 14 *juin* 1854; *décrets des* 20 *décembre* 1850, 10 *avril* 1852 *et* 25 *février* 1860.)

ÉTABLISSEMENTS LIBRES D'ENSEIGNEMENT SECONDAIRE SPÉCIAL.

Pour avoir le droit de diriger un établissement libre d'enseignement secondaire spécial, il faut être âgé de vingt-cinq ans au moins et être muni d'un diplôme de bachelier ès lettres (p. 23) ou ès sciences (p. 26), ou du brevet de capacité de l'enseignement secondaire spécial (p. 22). Aucune condition de stage n'est exigée.

Pour pouvoir ouvrir l'établissement, il faut préalablement déclarer son intention à l'inspecteur d'académie du département où l'on se propose de s'établir et déposer entre ses mains les pièces suivantes : 1° son acte de naissance; 2° un diplôme de bachelier, ou le brevet de capacité de l'enseignement spécial; 3° le plan du local; 4° l'indication de l'objet de l'enseignement.

Un mois après la remise de ces pièces, s'il n'est pas intervenu d'opposition de la part de l'administration, l'établissement peut être immédiatement ouvert.

Est incapable de tenir un établissement libre d'enseignement secondaire spécial quiconque est atteint de l'une des incapacités déterminées par l'article 26 de la loi du 15 mars 1850 ou qui, ayant appartenu à l'enseignement public, a été révoqué avec interdiction, conformément à l'article 14 de la même loi.

(*Lois des* 15 *mars* 1850, 14 *juin* 1854 *et* 21 *juin* 1865; *décrets des* 20 *décembre* 1850, 10 *avril* 1852, 25 *février* 1860, 6 *mars et* 2 *juin* 1866.)

PROFESSEURS ET MAITRES D'ÉTUDE D'ÉTABLISSEMENT LIBRE D'ENSEIGNEMENT SECONDAIRE.

Les professeurs, maîtres d'étude et surveillants employés dans les établissements libres d'enseignement secondaire ne sont soumis à aucune condition d'âge et à aucune formalité de grades ou brevets.

Ne peuvent toutefois être employés dans ces établissements les individus atteints de l'une des incapacités déterminées par l'article 26 de la loi du 15 mars 1850, ou qui, ayant appartenu à l'enseignement public, ont été révoqués avec interdiction, conformément à l'article 14 de la même loi.

(Loi du 15 mars 1850.)

INSTRUCTION SUPÉRIEURE.

FACULTÉS LIBRES, COURS PUBLICS LIBRES.

Tout Français âgé de vingt-cinq ans, jouissant de ses droits civils, et qui n'est pas atteint par une des incapacités prévues par l'article 8 de la loi du 12 juillet 1875, ainsi que les associations formées légalement dans un dessein d'enseignement supérieur, peuvent ouvrir des cours ou des facultés d'enseignement supérieur, en se conformant aux prescriptions légales. Toutefois, pour l'enseignement de la médecine et de la pharmacie, il faut justifier, en outre, des conditions requises pour l'exercice des professions de médecin et de pharmacien.

Tout établissement libre d'enseignement supérieur doit être administré par trois personnes au moins. L'ouverture des cours doit être précédée d'une déclaration signée par les administrateurs et indiquant leurs noms, qualités et domiciles, le siège et les statuts de l'établissement, le local où les cours doivent être faits, les divers objets de l'enseignement qui y sera donné. Cette déclaration est remise au recteur dans les départements où est établi le chef-lieu de l'académie, et à l'inspecteur de l'académie dans les autres départements; elle est inscrite sur un registre tenu à cet effet; il en est immédiatement donné récépissé.

Après la délivrance du récépissé, le recteur ou l'inspecteur d'académie transmet dans les vingt-quatre heures la déclaration reçue au procureur de la République près le tribunal de l'arrondissement où doit s'ouvrir le cours ou l'établissement projeté. Cette déclaration est affichée pendant dix jours à la porte des bureaux académiques et à la porte de la mairie du lieu où doit s'ouvrir le cours ou l'établissement libre.

L'ouverture du cours ou de l'établissement ne peut avoir lieu que dix jours francs à dater de la délivrance du récépissé, s'il n'a pas été fait d'opposition par le procureur de la République.

La liste des professeurs et le programme des cours doivent être communiqués chaque année aux mêmes autorités.

Les établissements libres d'enseignement supérieur comprenant au moins le même nombre de professeurs pourvus du grade de docteur que les facultés de l'État qui comptent le moins de chaires, peuvent prendre le nom de facultés libres des lettres, des sciences, de droit, de médecine, *etc.*

Quand ils réunissent trois facultés, ils peuvent prendre le nom d'université libre.

Pour les facultés des lettres, des sciences et de droit, la déclaration signée par les administrateurs doit porter que lesdites facultés ont des salles de cours, de conférences et de travail suffisantes pour cent étudiants au moins et une bibliothèque spéciale.

Pour une faculté des sciences, il doit être établi, en outre, qu'elle possède des laboratoires de physique et de chimie, des cabinets de physique et d'histoire naturelle en rapport avec les besoins de l'enseignement supérieur.

S'il s'agit d'une faculté ou école de médecine, la déclaration signée par les administrateurs doit établir : que ladite faculté ou école dispose, dans un hôpital fondé par elle ou mis à sa disposition par l'assistance publique, de cent vingt lits au moins, habituellement occupés, pour les trois enseignements cliniques principaux : médical, chirurgical, obstétrical; qu'elle est pourvue : 1° de salles de dissection munies de tout ce qui est nécessaire aux exercices anatomiques des élèves; 2° des laboratoires nécessaires aux études de chimie, de physique et de physiologie; 3° de collections d'études pour l'anatomie normale et pathologique, d'un cabinet de physique, d'une collection de matière médicale, d'une collection d'instruments et appareils de chirurgie; qu'elle met à la disposition des élèves un jardin de plantes médicinales et une bibliothèque spéciale.

S'il s'agit d'une école de pharmacie, les administrateurs doivent déclarer qu'elle possède des laboratoires de physique, de chimie, de pharmacie et d'histoire naturelle, les collections nécessaires à l'enseignement de la pharmacie, un jardin de plantes médicinales et une bibliothèque spéciale.

Aux termes de l'article 8 de la loi du 12 juillet 1875, sont incapables de remplir les fonctions d'administrateur ou de professeur dans un établissement libre d'enseignement supérieur : 1° les individus qui ne jouissent pas des droits civils; 2° ceux qui ont subi une condamnation pour crime ou pour un délit contraire à la probité ou aux mœurs; 3° ceux qui, par suite de jugement, se trouvent privés de tout ou partie des droits civils, civiques et de famille indiqués dans les numéros 1, 2, 3, 5, 6, 7 et 8 de l'article 42 du code pénal.

(Lois des 15 mars 1850 et 12 juillet 1875; décrets des 5 décembre 1850 et 25 janvier 1876.)

FORMALITÉS EXIGÉES DES ÉTRANGERS

POUR SE LIVRER A L'ENSEIGNEMENT EN FRANCE.

Nul étranger ne peut être nommé instituteur communal ou instituteur adjoint dans une école publique, inspecteur primaire, directeur ou maître adjoint dans une école normale primaire, s'il n'a préalablement obtenu des lettres de naturalisation. Il en est de même pour toute fonction à titre définitif dans un établissement public d'instruction secondaire ou supérieure.

Pour ouvrir ou diriger une école primaire ou secondaire libre, tout étranger doit être admis à jouir des droits civils en France et remplir les formalités et obligations imposées par la loi aux nationaux. Il doit, en outre, avoir préalablement obtenu et produire une autorisation spéciale du ministre de l'instruction publique, accordée après avis du conseil supérieur. L'autorisation accordée par le ministre, après avis du conseil supérieur, peut toujours être retirée dans les mêmes formes.

La demande d'autorisation, pour être soumise au conseil supérieur, doit être accompagnée : 1° d'un certificat constatant que le postulant est admis à jouir des droits civils en France; 2° des brevets, diplômes ou titres équivalents exigés par les articles 25 ou 60 de la loi du 15 mars 1850, suivant qu'il se propose de diriger un établissement d'instruction primaire ou un établissement d'instruction secondaire.

Pour remplir dans un établissement d'instruction primaire ou secondaire libre une fonction de surveillance ou d'enseignement, tout étranger doit être admis à jouir des droits civils en France. Toutefois, des actes émanés des autorités françaises, tels que la concession d'un secours, la permission régulièrement accordée d'exercer le ministère ecclésiastique, ou toute autre délégation authentique, peuvent suppléer au certificat de jouissance des droits civils. Il faut de plus avoir obtenu et produire une autorisation spéciale du ministre de l'instruction publique, accordée après avis du conseil supérieur.

La demande d'autorisation, pour être soumise au conseil supérieur, doit être accompagnée : 1° d'un certificat constatant que le postulant est admis à jouir des droits civils, ou de l'envoi des pièces équivalentes; 2° d'une note indiquant les lieux où il a résidé et les professions qu'il a exercées pendant les dix dernières années, le tout appuyé d'attestations émanées, soit des autorités de son pays, soit des autorités françaises, et pouvant prouver la sincérité de ses déclarations.

Dans le cas particulier d'écoles primaires ou d'établissements secondaires spécialement autorisés et uniquement destinés à des enfants étrangers résidant en France, des dispenses de brevets de capacité ou de grades des facultés peuvent être accordées par le ministre de l'instruction publique, après avis du conseil supérieur.

Le ministre peut aussi, après avis du conseil supérieur, déclarer équivalents aux brevets et diplômes nationaux exigés par la loi les brevets et diplômes obtenus par l'étranger des autorités scolaires de son pays.

Peuvent être également accordées par le ministre, en conseil supérieur, des dispenses de brevets et de grades aux étrangers qui se seraient fait connaître par des ouvrages dont le mérite aurait été reconnu par le conseil supérieur.

Les mêmes conditions et formalités doivent être remplies par les étrangers qui veulent être autorisés à ouvrir des cours ou à fonder des établissements libres d'enseignement supérieur.

(Lois des 15 mars 1850 et 12 juillet 1875; décret du 5 décembre 1850; circulaires des 17 février, 14 mai et 7 juin 1851.)

DISPOSITIONS DE LA LOI MILITAIRE

CONCERNANT LES FONCTIONNAIRES DE L'INSTRUCTION PUBLIQUE
ET LES ÉLÈVES DE L'ENSEIGNEMENT PUBLIC ET LIBRE.

Loi du 15 mars 1850.

ART. 79. Les instituteurs adjoints des écoles publiques, les jeunes gens qui se préparent à l'enseignement primaire public dans les écoles désignées à cet effet, les membres ou novices des associations religieuses vouées à l'enseignement et autorisées par la loi ou reconnues comme établissements d'utilité publique, les élèves de l'École normale supérieure, les maîtres d'étude, maîtres répétiteurs et professeurs des collèges et des lycées, sont dispensés du service militaire, s'ils ont, avant l'époque fixée pour le tirage, contracté devant le recteur l'engagement de se vouer pendant dix ans à l'enseignement public, et s'ils réalisent cet engagement[1].

Loi du 10 avril 1867.

ART. 18. L'engagement de se vouer pendant dix ans à l'enseignement public, prévu par l'article 79 de la loi du 15 mars 1850, peut être réalisé, tant par les instituteurs que par leurs adjoints, dans celles des écoles libres tenant lieu d'écoles publiques aux termes du quatrième paragraphe de l'article 36 de la loi du 15 mars 1850, ou recevant une subvention de la commune, du département ou de l'État, qui sont désignées à cet effet par le ministre de l'instruction publique, après avis du conseil départemental. L'engagement décennal peut être contracté, avant le tirage, par les instituteurs adjoints des écoles désignées ainsi qu'il vient d'être dit.

Loi du 27 juillet 1872.

ART. 19. Les élèves de l'école polytechnique et les élèves de l'école forestière sont considérés comme présents sous les drapeaux dans l'armée active, pendant tout le temps par eux passé dans lesdites écoles.

---

1. « L'engagement de se vouer pendant dix ans à l'enseignement public, prévu par l'article 79 de la loi du 15 mars 1850, peut être réalisé par les instituteurs brevetés et les professeurs de l'université dans les fermes-écoles et dans les écoles pratiques d'agriculture. » (*Loi du 30 juillet 1875.*)

Les lois d'organisation prévues par l'article 45 de la présente loi déter-minent pour ceux de ces jeunes gens qui ont satisfait aux examens de sortie, et ne sont pas placés dans les armées de terre ou de mer, les emplois auxquels ils peuvent être appelés soit dans la disponibilité, soit dans la réserve de l'armée active, soit dans l'armée territoriale ou dans les services auxiliaires.

Les élèves de l'école polytechnique et de l'école forestière qui ne satis-font pas aux examens de sortie de ces écoles suivent les conditions de la classe de recrutement à laquelle ils appartiennent par leur âge; le temps passé par eux à l'école polytechnique ou à l'école forestière est déduit des années de service déterminées par l'article 36 de la présente loi.

Art. 20. Sont, à titre conditionnel[1], dispensés du service militaire :

1° Les membres de l'instruction publique, les élèves de l'École normale supérieure de Paris dont l'engagement de se vouer pendant dix ans à la carrière de l'enseignement aura été accepté par le recteur de l'académie, avant le tirage au sort, et s'ils réalisent cet engagement;

2° Les professeurs des institutions nationales des Sourds-muets et des institutions nationales des Jeunes aveugles, aux mêmes conditions que les membres de l'instruction publique;

3° Les artistes qui ont remporté les grands prix de l'Institut, à condi-tion qu'ils passeront à l'école de Rome les années réglementaires et rempliront toutes leurs obligations envers l'État[2];

4° Les élèves pensionnaires de l'école des langues orientales vivantes et les élèves de l'école des chartes, nommés après examen, à condition de passer dix ans tant dans lesdites écoles que dans un service public;

5° Les membres et novices des associations religieuses vouées à l'ensei-gnement et reconnues comme établissements d'utilité publique, et les directeurs, maîtres adjoints, élèves-maîtres des écoles fondées ou entrete-nues par les associations laïques, lorsqu'elles remplissent les mêmes con-

1. « Les préfets s'assureront, le 1er janvier de chaque année, que les dispensés satisfont aux conditions sous lesquelles la dispense leur a été accordée. Ils récla-meront, en conséquence, aux membres du corps enseignant, pendant les dix années qui suivent la date de l'acceptation de leur engagement décennal, un certificat du recteur de l'académie de laquelle ils relèvent, établissant leur position dans l'en-seignement. » (*Circulaire du 29 novembre* 1873.)

2. « Les jeunes soldats des classes maintenues dans leurs foyers en sursis d'appel, par application de l'article 23 de la loi du 27 juillet 1872, qui obtiendront les grands prix de l'Institut, seront annotés sur les listes de recrutement comme dégagés de toute obligation militaire, sous la condition déterminée par le § 3 de l'article 20 de la loi précitée, et dans les mêmes conditions que les autres dispensés.

« Lorsque des engagés conditionnels d'un an en sursis (art. 57) remporteront les grands prix de l'Institut, il y aura lieu de leur appliquer les dispositions de la circu-laire ministérielle du 7 novembre 1874. Leur acte d'engagement sera résilié et la prestation qu'ils auront versée leur sera remboursée. Ils seront ensuite annotés sur les listes de recrutement comme dégagés de leurs obligations militaires, sous les mêmes conditions que les précédents. » (*Circulaire du 10 février* 1878.)

ditions; pourvu toutefois que les uns et les autres, avant le tirage au sort, aient pris devant le recteur de l'académie l'engagement de se consacrer pendant dix ans à l'enseignement et s'ils réalisent cet engagement dans un des établissements de l'association religieuse ou laïque, à condition que cet établissement existe depuis plus de deux ans ou renferme trente élèves au moins;

6° Les jeunes gens qui, sans être compris dans les paragraphes précédents, se trouvent dans les cas prévus par l'article 79 de la loi du 15 mars 1850 et par l'article 18 de la loi du 10 avril 1867[1], et ont, avant l'époque fixée pour le tirage, contracté devant le recteur le même engagement et aux mêmes conditions;

L'engagement de se vouer pendant dix ans à l'enseignement peut être réalisé, par les instituteurs et par les instituteurs adjoints mentionnés au présent paragraphe 6, tant dans les écoles publiques que dans les écoles libres désignées à cet effet par le ministre de l'instruction publique, après avis du conseil départemental[2];

7° Les élèves ecclésiastiques désignés à cet effet par les archevêques et par les évêques et les jeunes gens autorisés à continuer leurs études pour se vouer au ministère dans les cultes salariés par l'État, sous la condition qu'ils seront assujettis au service militaire s'ils cessent les études en vue desquelles ils auront été dispensés ou si, à vingt-six ans, les premiers ne sont pas entrés dans les ordres majeurs et les seconds n'ont pas reçu la consécration[4].

Art. 53. (Modifié par l'art. 1er de la loi du 31 décembre 1875.) Les jeunes gens qui ont obtenu des diplômes de bachelier ès lettres (p. 23), de bachelier ès sciences (p. 26), des diplômes de fin d'études (p. 21) ou des brevets de capacité (p. 22) institués par les articles 4 et 6 de la loi du 21 juin 1865; ceux qui font partie de l'école centrale des arts et manufactures (p. 146), des écoles nationales des arts et métiers (p. 144), des écoles nationales des beaux-arts (p. 103), du Conservatoire de musique (p. 114), les élèves des écoles nationales vétérinaires (p. 143), des écoles nationales d'agriculture (p. 139) et de l'école des haras du Pin (p. 150), les élèves externes de l'école des mines (p. 131), de l'école des ponts et chaussées, (p. 137), de l'école du génie maritime (p. 131), et les élèves de l'école des mineurs de Saint-Étienne (p. 135) sont admis, avant le tirage au sort, lorsqu'ils présentent les certificats d'études émanés des autorités désignées par un règlement inséré au *Bulletin des lois*, à contracter dans l'armée de terre des engagements conditionnels d'un an selon le mode déterminé par ledit règlement.

1. Voir, page 77, l'article 79 de la loi de 1850 et l'article 18 de la loi de 1867.
2. « Les dispositions des §§ 5 et 6 ne sont applicables qu'à l'enseignement primaire. » (*Circulaire du 20 janvier* 1873.)
3. Les dispositions de cet article ont été reproduites dans l'article 9 de la loi du 6 novembre 1875, qui détermine les conditions suivant lesquelles les Français domiciliés en Algérie sont soumis au service militaire.

Art. 54. (Complété par la loi du 31 décembre 1875.) Indépendamment des jeunes gens indiqués en l'article précédent, sont admis, avant le tirage au sort, à contracter un semblable engagement, ceux qui satisfont à un des examens exigés par les différents programmes préparés par le ministre de la guerre et approuvés par décret rendu dans la forme des règlements d'administration publique.

Ces décrets sont insérés au *Bulletin des lois.*

Le ministre de la guerre fixe chaque année le nombre des engagements conditionnels d'un an spécifiés au présent article. Ce nombre est réparti par régions déterminées conformément à l'article 36 de la présente loi, et proportionnellement au nombre des jeunes gens inscrits sur les tableaux de recensement de l'année précédente.

Si, au moment où les jeunes gens mentionnés au présent article et à l'article précédent se présentent pour contracter un engagement d'un an, ils ne sont pas reconnus propres au service, ils sont ajournés et ne peuvent être incorporés que lorsqu'ils remplissent toutes les conditions voulues.

Si un jeune homme, s'étant présenté pour l'engagement conditionnel d'un an, a été reconnu impropre au service, et qu'ensuite, au moment de la revision de sa classe, il soit déclaré bon, il est admis à remplir dans l'année les conditions requises pour le volontariat d'un an[1].

Art. 55. L'engagé volontaire d'un an est habillé, monté, équipé et entretenu à ses frais.

Toutefois, le ministre de la guerre peut exempter de tout ou partie des obligations déterminées au paragraphe précédent les jeunes gens qui ont donné dans leur examen des preuves de capacité et justifient, dans les formes prescrites par le règlement, être dans l'impossibilité de subvenir aux frais résultant de ces obligations.

Art. 56. L'engagé volontaire d'un an est incorporé et soumis à toutes les obligations de service imposées aux hommes présents sous les drapeaux.

Il est astreint aux examens prescrits par le ministre de la guerre.

Si, après un an de service, l'engagé volontaire d'un an ne satisfait pas à ces examens, il est obligé de rester une seconde année au service, aux conditions déterminées dans le règlement prévu par l'article 53.

Si, après cette seconde année, l'engagé volontaire ne satisfait pas à ces examens, il est, par décision du ministre de la guerre, déclaré déchu des avantages réservés aux volontaires d'un an, et il reste soumis aux mêmes obligations que celles imposées aux hommes de la première partie de la classe à laquelle il appartient par son engagement.

Il en est de même pour le volontaire qui, pendant la première ou la seconde année, a commis des fautes graves et répétées contre la discipline.

1. Voir ces conditions, page 81.

Dans tous les cas, le temps passé dans le volontariat compte en déduction de la durée du service prescrite par l'article 36 de la présente loi.

En temps de guerre, l'engagé volontaire d'un an est maintenu au service.

En cas de mobilisation, l'engagé volontaire d'un an marche avec la première partie de la classe à laquelle il appartient par son engagement.

Art. 57. (Complété par l'art. 2 de la loi du 31 décembre 1875.) Dans l'année qui précède l'appel de leur classe, les jeunes gens mentionnés dans l'article 53 qui n'auraient pas terminé les études de la faculté ou des écoles auxquelles ils appartiennent, mais qui voudraient les achever dans un laps de temps déterminé, peuvent, tout en contractant l'engagement d'un an, obtenir de l'autorité militaire un sursis avant de se rendre aux corps pour lesquels ils se sont engagés. Le sursis peut leur être accordé jusqu'à l'âge de vingt-quatre ans accomplis[1].

Jouiront du même privilège, sous la condition d'avoir contracté un engagement conditionnel d'un an : 1° les élèves des écoles supérieures d'agriculture subventionnées par l'État; 2° les élèves des écoles supérieures de commerce subventionnées par les chambres de commerce. Ces écoles devront avoir été agréées par le ministre de la guerre quant à l'application de cet article[2].

CONDITIONS D'ADMISSION AU VOLONTARIAT D'UN AN.

Sont admis à contracter l'engagement volontaire d'un an les jeunes gens qui remplissent une des conditions suivantes :

Les jeunes gens qui ont obtenu des diplômes de bachelier ès lettres (p. 23), de bachelier ès sciences (p. 26)[3], des diplômes de fin d'études (p. 21) ou des brevets de capacité de l'enseignement secondaire

1. Aux termes d'une circulaire du 20 décembre 1877, les seuls étudiants en médecine auxquels des sursis puissent être accordés sont ceux qui sont élèves des facultés travaillant en vue du doctorat; les élèves des écoles préparatoires de médecine et de pharmacie ne peuvent jouir du bénéfice des sursis de départ.

2. Ces écoles sont actuellement : 1° l'institut agricole de Beauvais, l'institut agronomique de Lille et l'institut agronomique de Paris; 2° les écoles supérieures de commerce de Paris, Lyon, Bordeaux, Marseille, Rouen, le Havre et Lille.

3. Le baccalauréat ès sciences restreint et le certificat de capacité en droit ne sauraient être considérés comme les équivalents des diplômes de bachelier ès lettres

spécial (p. 22) ; ceux qui font partie de l'école centrale des arts et manufactures (p. 146), des écoles nationales des arts et métiers (p. 144) [1],
des écoles nationales des beaux-arts (p. 103) [2], des conservatoires de
musique (p. 114) [3], des écoles nationales vétérinaires (p. 143) [4], des écoles
nationales d'agriculture (p. 139) [5] et de l'école des haras du Pin
(p. 150); les élèves externes de l'école des mines (p. 134), de l'école des
ponts et chaussées (p. 137), de l'école du génie maritime (p. 131); les
élèves de l'école des mineurs de Saint-Étienne (p. 135).

Les jeunes gens qui se trouvent dans l'un des cas mentionnés ci-dessus
en justifient par la production de l'une des pièces indiquées ci-après :

Jeunes gens ayant obtenu des diplômes de bachelier ès lettres, de
bachelier ès sciences, de fin d'études ou un brevet de capacité de l'enseignement spécial : certificat délivré par le recteur de l'académie, constatant qu'ils ont obtenu l'un des diplômes mentionnés ci-dessus ou le brevet
de capacité ;

Jeunes gens faisant partie de l'école centrale des arts et manufactures,
des écoles nationales des beaux-arts : certificat délivré par le directeur de
ces établissements, constatant qu'ils en font partie et indiquant la date
de leur admission ;

Jeunes gens des écoles nationales des arts et métiers : certificat délivré
par le directeur de l'école, constatant qu'ils en font partie ou qu'ils ont
obtenu à leur sortie le certificat réglementaire ;

Jeunes gens du conservatoire de musique et de ses succursales : certificat délivré par le directeur de l'établissement, constatant qu'ils en
font partie, ou, s'ils en sont sortis, qu'ils y ont obtenu des récompenses ;

Élèves des écoles nationales vétérinaires, des écoles nationales d'agriculture, de l'école des haras, de l'école des mineurs de Saint-Étienne :
certificat délivré par le directeur de ces écoles, attestant leur présence
comme élèves dans lesdites écoles ;

Élèves externes de l'école des mines, de l'école des ponts et chaussées,
de l'école du génie maritime : certificat délivré par le directeur de ces
écoles, attestant qu'ils en sont élèves externes et qu'ils en suivent régulièrement les cours.

Indépendamment des jeunes gens indiqués ci-dessus, sont admis à contracter l'engagement volontaire d'un an ceux qui satisfont à un des examens spéciaux exigés par les différents programmes préparés par le

et de bachelier ès sciences. Le certificat d'aptitude correspondant au premier examen du baccalauréat ès lettres scindé ne suffit pas également pour dispenser de
l'examen spécial du volontariat.

1. Ces écoles sont celles d'Aix, d'Angers et de Châlons-sur-Marne; l'école d'hor-
logerie de Cluses est également considérée comme école d'arts et métiers.

2. Ces écoles sont celles de Paris, de Dijon et de Lyon.

3. Les élèves des succursales du conservatoire de Paris existant à Dijon, Lille,
Lyon, Nantes et Toulouse jouissent des mêmes avantages que ceux de Paris.

4. Ces écoles sont celles d'Alfort, de Lyon et de Toulouse.

5. Ces écoles sont celles de Grignon, de Grand-Jouan et de Montpellier.

6.

ministre de la guerre et approuvés par décrets rendus dans la forme des règlements d'administration publique.

Ces examens roulent sur les matières composant l'enseignement que le candidat a dû recevoir à l'école primaire, et sur des notions élémentaires et pratiques relatives à l'exercice de la profession à laquelle le candidat se destine. Ils ont aujourd'hui le caractère d'un concours, et le nombre des engagements conditionnels à recevoir dans chaque département est déterminé d'après le nombre des jeunes gens qui ont été examinés.

Les jeunes gens qui veulent passer l'examen spécial professionnel ¹ doivent adresser, du 1er juillet au 31 août, une demande d'admission à l'examen au préfet du département dans lequel ils veulent s'engager. Ils sont en outre soumis à une visite médicale, qui a pour but de constater leur aptitude au service militaire, et doit avoir lieu avant le 31 août.

La demande d'admission doit être écrite et signée par le candidat ; elle mentionne ses nom et prénoms, sa profession, le lieu de son domicile légal et celui de sa résidence. Elle désigne l'arme dans laquelle le candidat demande à servir et indique, par la mention *agriculture, commerce* ou *industrie*, dans quelle série il désire être classé pour son examen. Les jeunes gens dont les connaissances professionnelles ne rentreraient pas exactement dans l'une des séries, par exemple ceux qui appartiennent aux administrations publiques (ponts et chaussées, finances, préfectures, mairies, *etc.*), ceux qui se destinent aux fonctions de notaire, d'avoué, d'huissier, *etc.*, font choix de la série dont leur profession ou leurs fonctions se rapprochent le plus.

Ne sont admis à contracter définitivement l'engagement volontaire d'un an que les candidats ayant obtenu à l'examen l'une des mentions : *très bien, bien* ou *assez bien.*

Les engagés volontaires d'un an ont à verser une somme de 1,500 francs pour frais d'équipement et d'entretien. Des exemptions totales ou partielles peuvent être accordées, dans certaines conditions, à des jeunes gens qui ont obtenu de 51 à 60 points à la suite de leurs examens.

(*Décret du 1er décembre 1872; instruction du 1er décembre 1872; circulaire du 14 juin 1878.*)

1. « Le nombre de 31 points fixé précédemment pour l'admission au volontariat des jeunes gens se trouvant dans les conditions de l'article 54 de la loi du 27 juillet 1872 ayant eu pour résultat de faire entrer dans les rangs de l'armée un certain nombre d'engagés qui, en raison de l'insuffisance de leur instruction, n'ont pu suivre avec fruit les cours institués pour eux dans les corps, il m'a paru nécessaire d'élever ce chiffre. En conséquence, j'ai décidé que les candidats qui, aux examens, ont obtenu un minimum de 35 points seront seuls admis cette année au volontariat. » (*Instruction du 10 octobre 1876.*)

CONDITIONS D'ADMISSION
AUX ÉCOLES SPÉCIALES [1].

MINISTÈRE DE L'INSTRUCTION PUBLIQUE ET DES BEAUX-ARTS.

INSTRUCTION PUBLIQUE.

COURS PRATIQUE DES SALLES D'ASILE.
[ÉCOLE PAPE-CARPANTIER.]

Le cours pratique des salles d'asile, qui se tient à Paris, rue des Ursulines, nº 10, et qui ressortit au ministère de l'instruction publique, a pour but de former des directrices et sous-directrices de salles d'asile.

Le cours est de huit mois; il s'ouvre le 15 octobre et se termine le 15 juin.

Les aspirantes doivent adresser au ministre, avant le 15 juillet, leur demande d'admission au cours, soit comme boursières internes, soit comme boursières externes.

Cette demande doit être faite sur papier timbré et accompagné des pièces suivantes : 1º l'acte de naissance de l'aspirante ; 2º l'acte de mariage, si l'aspirante est mariée; 3º l'acte de décès de son mari, si elle est veuve; 4º un certificat de moralité délivré par le maire de la commune et, à Paris, de l'arrondissement, et par le maire de chacune des communes ou de chacun des arrondissements où l'aspirante a résidé dans le cours des trois dernières années; le dernier certificat doit avoir au plus un mois de date; 5º un certificat de médecin constatant que l'aspirante a été vaccinée et que sa santé lui permet de se livrer à l'enseignement.

Les aspirantes aux bourses doivent être âgées de dix-huit ans au moins et de trente ans au plus.

Les mêmes conditions sont imposées aux personnes qui sollicitent la faveur d'être admises au cours en qualité de pensionnaires payantes. Le prix de la pension est de soixante francs par mois.

1. Ce résumé des conditions exigées pour l'admission aux principales écoles spéciales du gouvernement a été revu d'après les derniers décrets et arrêtés publiés qui sont parvenus à notre connaissance, et qui ont pu y apporter quelques modifications, et desquels ce résumé a été extrait. Pour plus de détails, consulter les Programmes d'admission à ces écoles, qui sont publiés à la Librairie Delalain. Chaque programme se vend séparément.

L'examen d'admission se compose d'épreuves écrites et d'épreuves orales. Les épreuves écrites comprennent : 1° une dictée d'orthographe d'une vingtaine de lignes environ, empruntée à un livre classique : cette dictée sert en même temps d'épreuve d'écriture; 2° la pratique des quatre opérations fondamentales sur les nombres entiers et les nombres décimaux, avec application au système métrique; 3° le dessin simple d'un objet usuel. Les épreuves orales se composent : 1° d'interrogations sur l'histoire religieuse (catéchisme et histoire sainte) ; 2° d'une lecture expliquée; 3° de l'analyse d'une phrase simple au tableau; 4° de quelques questions élémentaires sur le système métrique; 5° de quelques questions sur la géographie physique et la géographie générale; 6° du chant de la gamme et d'un air simple et facile. Les aspirantes subissent, en outre, une épreuve de couture.

Pour les aspirantes de Paris, l'examen d'admission a lieu à Paris, au siège même de l'établissement, devant la commission de surveillance de l'école. Dans les départements, cet examen est fait au chef-lieu de l'arrondissement par une commission d'examen composée de l'inspecteur primaire, président, d'un ministre du culte professé par l'aspirante et d'un membre délégué par le recteur.

Les examens commencent, à Paris et dans les départements, le premier lundi d'août.

Les aspirantes déjà pourvues d'un brevet de capacité ou d'un certificat d'aptitude peuvent, sur l'avis de la commission de surveillance, être dispensées de l'examen d'admission ; elles doivent joindre ces pièces à leur demande, ainsi qu'une attestation constatant qu'elles ont la voix juste.

Les aspirantes qui, pendant la première quinzaine de leur séjour à l'école, se montrent inférieures à ce que les résultats de l'examen préalable avaient fait espérer d'elles cessent de faire partie de l'établissement, après avis de la commission de surveillance.

A l'expiration du quatrième mois, toutes les élèves subissent un examen de passage. Celles dont les progrès n'ont pas été suffisants, et qui, faute de travail, d'intelligence ou même de santé, font présager un insuccès en fin d'année, ne sont pas admises à suivre la seconde partie du cours.

Les élèves admises comme internes n'ont à apporter à l'établissement que leurs effets personnels; tout le reste leur est fourni par l'école.

(*Décret du 19 décembre 1878; arrêtés des 30 juillet 1875 et 3 avril 1878.*)

ÉCOLES NORMALES PRIMAIRES D'INSTITUTRICES.

Ces écoles, qui ressortissent au ministère de l'instruction publique, ont pour but de former des institutrices pour l'enseignement primaire.

Pour être admise à l'examen d'élève-maîtresse dans une école normale primaire, l'aspirante doit en faire la demande au bureau de l'inspection académique du département et produire les pièces suivantes : 1° un acte de naissance constatant qu'au 1er octobre de l'année du concours elle aura soize ans au moins et vingt ans au plus; 2° un certificat de médecin constatant qu'elle a été vaccinée ou qu'elle a eu la petite vérole, et qu'elle n'est atteinte d'aucune infirmité ou d'aucun vice de conformation qui la rende impropre à l'enseignement; 3° l'engagement légalisé de servir, pendant dix ans au moins, dans l'instruction publique avec autorisation de son père ou de son tuteur; 4° une note, signée d'elle, indiquant les lieux qu'elle a habités depuis l'âge de treize ans; 5° des certificats de moralité, délivrés tant par les chefs des écoles auxquelles elle a appartenu comme élève ou comme sous-maîtresse que par le maire de la commune où elle a résidé; 6° l'engagement autorisé par le père ou tuteur de rembourser le prix de la pension dans le cas où elle quitterait l'enseignement avant d'avoir fait dix ans de service dans le département. Cette pièce doit être sur papier timbré, et la signature doit être légalisée.

Les aspirantes admises sont examinées, du 15 au 31 juillet, au chef-lieu du département[1].

L'examen d'admission comprend des épreuves écrites et des épreuves orales. Les épreuves écrites consistent en une page d'écriture, une dictée d'orthographe, un récit historique et des exercices de calcul. Aux épreuves écrites est jointe une épreuve de couture, dont la nullité est une cause d'élimination. Les épreuves orales portent sur l'instruction religieuse (catéchisme et histoire sainte), la lecture, la langue française, l'arithmétique, et l'histoire et la géographie de la France.

Les élèves-maîtresses sont admises comme boursières de l'État, des départements ou des villes.

Le cours des études est de deux et trois années. Le régime ordinaire de ces écoles est l'internat.

Les élèves-maîtresses sont mises en état de se présenter à la fin du cours d'études aux examens pour le brevet de capacité de l'instruction primaire, qui leur donne droit aux places disponibles d'institutrice, ou à défaut aux emplois d'institutrice adjointe.

Il peut aussi être reçu dans les écoles normales des élèves pensionnaires libres. Le prix de leur pension varie suivant les localités.

(Ordonnance du 30 août 1842; arrêté du 31 décembre 1867; circulaires des 8 octobre 1850 et 17 octobre 1863.)

ÉCOLES NORMALES PRIMAIRES D'INSTITUTEURS.

Ces écoles, qui ressortissent au ministère de l'instruction publique, ont pour but de former des instituteurs pour l'enseignement primaire.

Les inscriptions des candidats ont lieu du 1er au 31 janvier; un registre est ouvert à cet effet au chef-lieu de chaque département, au bureau de l'inspection académique.

1. A Paris, le concours s'ouvrira le 12 juin, en 1870.

Pour être admis à concourir à l'examen d'élève-maître dans une école normale primaire, tout candidat doit déposer, en se faisant inscrire, les pièces suivantes : 1° un acte de naissance constatant qu'il aura seize ans au moins et vingt ans au plus au 1er octobre de l'année pendant laquelle il se présente; 2° un certificat de médecin constatant qu'il a été vacciné ou qu'il a eu la petite vérole, et qu'il n'est atteint d'aucune infirmité ou d'aucun vice de conformation qui le rende impropre à l'enseignement; 3° l'engagement légalisé de servir pendant dix ans au moins dans l'instruction primaire publique, engagement dispensant du service militaire à titre conditionnel, et, s'il est mineur, une déclaration de son père ou tuteur, l'autorisant à contracter cet engagement; 4° une note, signée de lui, indiquant les lieux qu'il a habités depuis l'âge de treize ans; 5° des certificats de moralité, délivrés tant par les chefs des écoles auxquelles il a appartenu comme élève ou comme sous-maître que par le maire de la commune où il a résidé; 6° l'engagement autorisé par le père ou tuteur de rembourser le prix de sa pension dans le cas où il quitterait l'enseignement avant d'avoir fait dix ans de service dans le département; cette pièce doit être sur timbre, et la signature doit être légalisée [1].

Une enquête est faite, par les soins de l'inspecteur d'académie et des inspecteurs de l'instruction primaire, sur la conduite et les antécédents des candidats. Au vu des pièces exigées et d'après les résultats de l'enquête, la commission de surveillance de l'école dresse la liste des candidats admis à l'examen.

Les candidats admis sont examinés, du 15 au 31 juillet, au chef-lieu du département [2]. A la suite de cet examen, les candidats sont classés par ordre de mérite en nombre égal à celui des places vacantes.

L'examen d'admission comprend des épreuves écrites et des épreuves orales. Les épreuves écrites consistent en une page d'écriture, une dictée d'orthographe, un récit historique et des exercices de calcul. Les épreuves orales portent sur l'instruction religieuse (catéchisme et histoire sainte), la lecture, la langue française, l'arithmétique, l'histoire et la géographie de la France.

Les élèves-maîtres admis sont nommés par le préfet et jouissent d'une bourse de l'État, des départements ou des villes.

Le cours d'études des écoles normales est de trois années. Le régime ordinaire de ces écoles est l'internat.

Les élèves-maîtres sont mis en état d'obtenir, à la sortie de l'école, le brevet de capacité pour l'instruction primaire, qui leur donne droit aux places disponibles d'instituteur ou, à défaut, aux emplois d'instituteur adjoint.

1. Pour les fils d'étrangers, il faut que le père soit naturalisé, et, s'ils sont nés antérieurement au décret de naturalisation, qu'ils justifient d'une demande en naturalisation, s'ils sont majeurs, ou contractent, avec l'autorisation du père ou tuteur, l'engagement de se faire naturaliser à leur majorité.
2. A Paris, le concours s'ouvrira le 12 juin, en 1879.

Il peut être aussi admis des élèves-maîtres pensionnaires libres .
prix de leur pension varie suivant les localités.

*(Lois des 15 mars 1850, 14 juin 1854, 21 juin 1865 et 10 août 1871;
décrets des 24 mars 1851 et 2 juillet 1866; arrêté du 31 décembre 1867; circulaires des 19 mai 1868, 5 avril 1873 et 16 mai 1877.)*

ÉCOLE NORMALE DE L'ENSEIGNEMENT SECONDAIRE SPÉCIAL.

Cette école, qui est établie à Cluny (Saône-et-Loire), est destinée à former des maîtres pour l'enseignement secondaire spécial. Elle est placée
sous l'autorité du recteur de l'académie de Lyon et ressortit au ministère
de l'instruction publique.

Le cours d'études est de deux ans, pendant lesquels les élèves sont
préparés à subir avec succès les épreuves du brevet de capacité de l'enseignement secondaire spécial (p. 22) au sortir de l'école; ils sont, dès leur
entrée à l'école, divisés en deux sections; celle des lettres et des langues
vivantes et celle des sciences appliquées. Il peut être accordé une
troisième année aux élèves qui se préparent à l'agrégation de l'enseignement secondaire spécial (p. 16).

On entre à l'école en qualité de boursier de l'État, de boursier d'un
département, de boursier d'une commune, de boursier par fondation particulière, ou d'élève payant.

Il y a, dans la première quinzaine du mois de juillet, une session de
concours ou d'examens pour l'admission à l'école d'élèves, soit comme
boursiers, soit comme élèves payants.

Les demandes de bourses de l'État doivent être adressées aux recteurs
des académies; celles de bourses départementales et communales, aux
préfets des départements. Le prix de la pension pour les élèves payants
est fixé à 800 francs par an, avec un trousseau de 400 francs.

Les inscriptions des candidats ont lieu du 15 avril au 1er juin; un
registre est ouvert à cet effet dans toutes les académies.

Les concours ou examens ont lieu devant des commissions spéciales qui
se réunissent au chef-lieu du département ou dans une autre localité
désignée par le ministre.

Les pièces à produire par chaque candidat pour son inscription sont :
1° son acte de naissance, constatant qu'au 1er octobre de l'année du concours il sera âgé de dix-huit ans au moins et de vingt-cinq ans au plus;
2° le brevet primaire complet (p. 8) ou le diplôme d'études de l'enseignement spécial (p. 21), ou le certificat d'admissibilité à l'école centrale des arts et manufactures (p. 146), ou le diplôme de bachelier
ès lettres (p. 23) ou ès sciences (p. 26) [1]; 3° un certificat de médecin

1. « Les examens pour le brevet de capacité primaire complet et pour le diplôme
d'études n'ayant lieu qu'au mois d'août, pourront être inscrits d'office sur la liste

constatant qu'il a été vacciné ou qu'il a eu la petite vérole, et qu'il n'est
atteint d'aucune infirmité qui le rende impropre au service de l'enseigne-
ent; 4° l'engagement légalisé de se vouer pendant dix ans à l'instruction publique, engagement dispensant du service militaire à titre conditionnel[1] ; si le candidat est mineur, il doit présenter une déclaration du
père ou du tuteur, dûment légalisée, l'autorisant à contracter cet engagement; cette déclaration se fait au verso de l'engagement sur papier timbré,
et doit se rapporter à l'année même du concours; 5° une note, signée de
lui, indiquant, avec la profession de son père, la demeure de sa famille,
les lieux qu'il a habités depuis l'âge de quinze ans et les établissements
dans lesquels il a fait ou terminé ses études; 6° un certificat d'aptitude
aux fonctions de l'enseignement, délivré par les chefs d'établissements
auxquels il peut avoir appartenu soit comme élève, soit comme maître :
ce certificat doit être visé par le recteur.

Les élèves payants sont dispensés des prescriptions des articles 3, 4 et
6 ci-dessus, sauf le certificat de médecin constatant qu'ils ont été vaccinés
ou qu'ils ont eu la petite vérole; mais ils doivent justification des mêmes
diplômes ou certificats et font les mêmes compositions.

Les candidats munis du diplôme de bachelier ès lettres (p. 23) ou du
diplôme de bachelier ès sciences (p. 26) jouissent par rapport aux autres
candidats de l'avantage d'un certain nombre de points.

Le concours ou l'examen se compose, pour la section des sciences, de
quatre épreuves : trois épreuves écrites, une épreuve orale. Les épreuves
écrites ont pour objet : 1° une question élémentaire sur l'histoire et la
géographie de la France; 2° une question d'arithmétique appliquée (programmes de première et de seconde année de l'enseignement spécial), et
une question de géométrie (programmes de l'enseignement spécial); 3° un
exercice de dessin linéaire et d'ornement (programmes de l'année préparatoire, de la première et de la deuxième année de l'enseignement spécial).
L'épreuve orale porte sur l'histoire et la géographie de la France, la
physique (programme de première année de l'enseignement spécial), la
chimie (programme de deuxième année) et l'histoire naturelle (notions
usuelles, extraites du programme de l'enseignement spécial). Les candidats qui en font la demande sont examinés sur les langues vivantes; il
est tenu compte des résultats de cette épreuve dans l'ensemble du classement, en ce qui les concerne.

Pour la section des lettres, l'examen se compose de trois épreuves :
deux épreuves écrites, une épreuve orale. Les épreuves écrites ont pour
objet : 1° une composition française sur un sujet de littérature ou de

des candidats les jeunes gens qui demandent à prendre part au concours sans
être pourvus de ces titres, sauf à produire ultérieurement les pièces qui en con-
statent l'obtention. » (*Circulaire du 18 mai 1876.*)

1. « Ne peuvent être admis qu'à titre essentiellement conditionnel les candidats
qui auraient déjà contracté l'engagement d'un an ou auraient obtenu des sursis d'appel, jusqu'à ce que le ministre de la guerre ait reconnu comme valable leur engagement décennal. » (*Circulaire du 1er février 1873.*)

morale; 2° une composition sur un sujet d'histoire et de géographie de la France. L'épreuve orale porte sur la littérature française (analyse et commentaire des principaux auteurs du dix-septième siècle), l'histoire ancienne, grecque et romaine, l'histoire de France; la géographie générale et la géographie de la France; la morale (programme de troisième année); l'arithmétique et les premiers éléments de géométrie. Les candidats qui en font la demande sont examinés sur les langues vivantes, la législation usuelle et l'économie politique. Il est tenu compte du résultat de ces épreuves dans l'ensemble du classement, en ce qui les concerne.

ÉCOLES NORMALES SECONDAIRES.

Ces écoles, établies au lycée du chef-lieu de chaque académie, ressortissent au ministère de l'instruction publique. Elles sont formées par la réunion de maîtres répétiteurs auxiliaires ou élèves-maîtres, qui sont logés et nourris au lycée. Elles ont pour but de faciliter l'accès du professorat aux maîtres répétiteurs et d'assurer des professeurs instruits pour les classes de grammaire des lycées et les diverses classes des collèges.

Les maîtres auxiliaires font à l'intérieur du lycée un service actif d'environ deux heures par jour. Ils peuvent être délégués temporairement dans des lycées ou collèges de l'académie. Ils suivent des conférences préparatoires à la licence, faites par les professeurs de facultés. Ils peuvent, par exception, être dispensés de ces conférences pour suivre quelques-uns des cours du lycée.

Des conditions spéciales ne sont pas exigées pour l'admission dans ces écoles. Les candidats doivent: 1° être pourvus du diplôme de bachelier ès lettres (p. 23) ou ès sciences (p. 26); 2° contracter l'engagement de se vouer pendant dix ans à l'enseignement public, engagement qui les dispense du service militaire à titre conditionnel.

La nomination de ces élèves-maîtres est faite par le ministre, sur la proposition des recteurs, qui sont chargés de s'assurer, au préalable, de la moralité et de l'aptitude des candidats.

(*Décrets des 27 juillet 1859 et 11 janvier 1868; ordonnance du 6 décembre 1845.*)

ÉCOLE NORMALE SUPÉRIEURE.

Cette école, qui est située à Paris, rue d'Ulm, n° 45, et qui ressortit au ministère de l'instruction publique, est destinée à former des professeurs pour les diverses parties de l'enseignement secondaire et supérieur dans l'instruction publique.

Les places d'élèves à l'École normale supérieure sont données à la suite de concours et d'épreuves qui ont lieu chaque année. L'inscription des candidats se fait, du 1er janvier au 1er mars au secrétariat des académies.

Les candidats doivent être Français ou admis à jouir des droits civils. Lors de son inscription, chaque candidat doit produire les pièces suivantes : 1° son acte de naissance, constatant qu'au 1er janvier de l'année dans laquelle il se présente il était âgé de dix-huit ans au moins ou de vingt-quatre ans au plus; 2° un certificat de vaccine dûment légalisé; 3° un certificat délivré par le médecin de l'académie, constatant que le candidat n'est atteint d'aucune infirmité ou d'aucun vice de constitution qui le rende impropre à l'enseignement; 4° l'engagement légalisé de se vouer pendant dix ans à l'instruction publique, si le candidat est majeur, et, en cas de minorité, une déclaration du père ou du tuteur, dûment légalisée, l'autorisant à contracter cet engagement; 5° si le candidat a plus de vingt ans, un certificat signé par le maire de sa commune, constatant qu'il a satisfait à la loi du recrutement, ou l'acceptation par le recteur d'une académie de l'engagement décennal contracté avant le tirage au sort, en vue de la dispense du service militaire; 6° une note, signée de lui, indiquant la profession de son père, la demeure de sa famille, les lieux qu'il a habités depuis l'âge de quinze ans, les établissements dans lesquels il a fait ou terminé ses études, le culte auquel il appartient; 7° un certificat d'aptitude morale aux fonctions de l'enseignement délivré par les chefs des établissements auxquels il peut avoir appartenu, soit comme élève, soit comme maître. Les candidats de la section des lettres doivent de plus justifier d'une année de philosophie. Le ministre arrête, après enquête, la liste des candidats admis à prendre part au concours.

Les épreuves pour l'admission se composent de deux séries : les unes portent sur la totalité des candidats autorisés à concourir, et déterminent l'admission ou la non-admission de chacun d'eux aux épreuves orales; les autres ont lieu entre les candidats admis à l'épreuve orale, pour décider de leur admission définitive.

Les premières épreuves sont subies dans les académies où les inscriptions ont eu lieu; elles commencent vers le 1er juillet. Ces épreuves consistent en compositions écrites, qui sont différentes selon que les candidats se destinent à l'enseignement des lettres ou à celui des sciences. Les compositions sont faites chacune le même jour, durant le même espace de temps et sur le même sujet, dans toutes les académies.

Les compositions pour la section des lettres sont : une dissertation de philosophie en français, un discours latin, un discours français, une version latine, un thème grec, une pièce de vers latins, une composition historique.

Les compositions pour la section des sciences sont, avec la dissertation de philosophie et la version latine imposées aux candidats des lettres, la solution d'une ou de plusieurs questions de mathématiques et d'une ou de plusieurs questions de physique.

Les candidats admis à l'épreuve orale doivent se présenter à l'École normale supérieure dans les premiers jours d'août, afin d'y subir la seconde série des épreuves. Ils doivent alors produire les pièces suivantes : 1° le diplôme de bachelier ès lettres (p. 23) ou le diplôme de bachelier ès

sciences (p. 26), selon la section d'études à laquelle ils se destinent;
2° l'engagement légalisé du père ou tuteur de restituer à l'État le prix de
la pension dont ils auront joui, dans tous les cas où, par leur fait, ils ne
rempliraient pas l'engagement qu'ils ont contracté de se vouer pendant
dix ans à l'enseignement public; les candidats doivent prendre solidaire-
ment le même engagement, à leur entrée à l'école, s'ils sont majeurs, ou
pendant leur séjour à l'école, à l'époque où ils atteignent leur majorité.

La seconde série d'épreuves consiste, pour la section des lettres, en
explications et interrogations grammaticales, historiques et littéraires,
sur les textes des auteurs étudiés dans les classes de rhétorique et de philosophie, et pour la section des sciences, en interrogations sur les matières comprises dans le cours de l'année de mathématiques spéciales des
lycées. En outre, les candidats admis à l'examen pour la section des
sciences exécutent une épure sur une question de géométrie descriptive
et copient une tête au trait. Après ces épreuves, le ministre arrête la liste
des candidats admis définitivement à l'école.

Le régime de l'école est l'internat. L'instruction et l'entretien sont gratuits; le trousseau est à la charge des familles.

Le cours des études est de trois années. L'enseignement de l'école se
divise en deux sections : celle des lettres et celle des sciences. Une division spéciale de grammaire existe pour certains élèves de troisième année.

Les élèves des lettres sont présentés à l'examen de la licence ès
lettres (p. 25) à la fin de la première année. Tout élève qui, avant le
commencement du cours de deuxième année, n'est pas reçu licencié
cesse de faire partie de l'école. Toutefois un élève refusé à l'examen de
licence avant l'ouverture des cours de seconde année peut, à raison de
ses notes à l'intérieur de l'école et sur le rapport du directeur, être
autorisé, par décision spéciale du ministre, à subir une nouvelle épreuve.

Les élèves des deux divisions des sciences doivent, avant l'ouverture
du cours de troisième année, avoir obtenu les diplômes complets des
deux licences mathématique et physique (p. 28). Les élèves de la division d'histoire naturelle sont tenus, en outre, de se présenter, à la fin de la
troisième année, aux épreuves de la licence ès sciences naturelles (p. 28).

Les élèves qui ont suivi avec succès le cours triennal des études sont
autorisés à se présenter immédiatement au concours de l'agrégation des
lycées sans justifier d'un stage.

(*Décret du 22 août 1854; arrêtés des 7 décembre 1850, 13 mai 1865
et 23 novembre 1875.*)

ÉCOLE PRATIQUE DES HAUTES ÉTUDES.

Cette école, instituée à Paris auprès des grands établissements scientifiques et littéraires (Faculté des sciences, Collège de France, Mu-
séum d'histoire naturelle, Observatoire), ressortit au ministère de l'instruction publique. Elle a pour but de placer à côté de l'enseignement

théorique les exercices qui peuvent le fortifier et l'étendre. Elle est divisée en cinq sections : 1º Sciences mathématiques; 2º Sciences physico-chimiques; 3º Sciences naturelles; 4º Sciences historiques et philologiques; 5º Sciences économiques[1]. Un élève peut appartenir à plusieurs sections.

Les candidats au titre d'élève de l'école des hautes études n'ont d'autre formalité à remplir que de déposer leur demande au secrétariat de la faculté des sciences, à la Sorbonne. Il n'est exigé aucune condition d'âge, de grade ou de nationalité pour l'admission à l'école pratique. Les candidats sont admis comme élèves stagiaires, sur l'avis du directeur qui les accepte; leur situation est régularisée après une épreuve ou un stage de trois mois, sur le rapport de ce directeur et l'avis de la commission permanente de l'école. Leur admission comme élève de l'école pratique est prononcée par le ministre. La jouissance des avantages que confère l'admission à l'école ne peut dépasser trois ans.

La section des sciences mathématiques comprend : 1º des élèves attachés à l'Observatoire national; 2º des élèves suivant les cours du Collège de France et de la faculté des sciences. Les candidats, français ou étrangers, qui optent pour l'Observatoire doivent justifier de la connaissance approfondie des matières comprises dans les cours de mathématiques spéciales des lycées; ils contractent l'engagement de rester au moins trois ans à l'Observatoire, et de se conformer aux règles établies pour les aides-astronomes et astronomes adjoints. Les candidats qui désirent être attachés au Collège de France et à la faculté des sciences doivent préalablement être soumis au stage ci-dessus mentionné.

Les élèves pour la section des sciences physico-chimiques, qui aspirent à être admis dans les laboratoires d'enseignement, doivent prouver qu'ils possèdent pleinement les connaissances générales de physique, de chimie et surtout de mathématiques exigées pour l'obtention du diplôme de bachelier ès sciences. Ceux d'entre eux qui justifient de ce diplôme (p. 26), ou du diplôme d'études de l'enseignement secondaire spécial (p. 21), sont dispensés de cet examen.

Pour être admis à la section des sciences naturelles et aux travaux des laboratoires, il faut justifier des connaissances nécessaires pour profiter de l'enseignement qui y est donné. Nul ne peut être admis définitivement qu'après deux mois de travaux dans un laboratoire.

La section des sciences historiques et philologiques, subdivisée en plusieurs conférences, a pour objet de préparer les jeunes gens qui désirent se consacrer aux travaux d'érudition. Les candidats sont soumis à un stage; l'admission définitive est prononcée à la fin de chaque année scolaire par le ministre, sur le rapport du directeur de la conférence et l'avis d'une commission de patronage. Pendant le cours de la troisième année d'études ou de l'année qui suit, les élèves qui veulent obtenir le titre d'élèves diplômés de la section d'histoire et de philologie de l'école pra-

---

1. Cette section n'a pas été organisée.

tique des hautes études doivent remettre au directeur de leur conférence un mémoire sur une question d'histoire ou de philologie, qui est soumis à l'examen d'une commission spéciale. Outre les élèves stagiaires et les élèves titulaires nommés par le ministre, les directeurs de conférences peuvent autoriser des auditeurs libres à suivre leurs leçons.

Tous les ans, après examen des rapports des directeurs de laboratoire et d'études, sur l'avis de la commission permanente et le conseil supérieur entendu, le ministre donne des missions aux élèves, leur accorde des médailles, des mentions, des subventions ou des récompenses spéciales.

Des missions scientifiques à l'étranger peuvent être confiées par le ministre à des élèves de l'école. Nul élève ne peut être envoyé en mission s'il ne justifie de la connaissance pratique suffisante de la langue du pays où il est envoyé. Des bourses d'études et de voyage, ainsi que des subventions allouées avec affectation spéciale, sont fondées par la ville de Paris, en faveur d'élèves qui ont suivi les cours de l'école ou pris part à ses travaux pendant une année au moins.

(*Décrets des 31 juillet 1868 et 30 janvier 1869; arrêté du 27 février 1874; règlement municipal du 10 juillet 1877.*)

ÉCOLE FRANÇAISE D'ATHÈNES.

Cette école, qui est établie à Athènes, ressortit au ministère de l'instruction publique; elle est placée sous le patronage du ministre des affaires étrangères et la direction scientifique de l'académie des Inscriptions et Belles-Lettres, et a pour but de donner aux jeunes professeurs le moyen de se perfectionner dans l'étude de la langue, de l'histoire et des antiquités grecques.

Elle a pour chef un directeur, membre de l'Institut ou fonctionnaire supérieur de l'instruction publique.

Les candidats au titre de membre de l'école française d'Athènes doivent être âgés de moins de trente ans, être docteurs ès lettres (p. 26) ou agrégés des lettres, de grammaire, de philosophie ou d'histoire (p. 10 et s.).

Le concours pour l'admission porte sur la langue grecque ancienne et moderne, sur les éléments de l'épigraphie, de la paléographie et de l'archéologie, sur l'histoire et la géographie de la Grèce et de l'Italie anciennes, suivant un programme adopté par l'académie des Inscriptions et Belles-Lettres et arrêté par le ministre. Il est tenu compte aux candidats de la connaissance qu'ils auraient du dessin.

L'examen se compose de deux épreuves, l'une écrite, l'autre orale, d'après un programme préparé par l'académie; il est subi devant une commission de sept membres désignés par le ministre.

Les membres de l'école française d'Athènes sont nommés par le ministre, sur le rapport de la commission du concours. Le nombre des membres est fixé à six.

Avant de se rendre en Grèce, les membres de l'école française d'Athènes séjournent une année en Italie, à l'école française de Rome.

Ils passent ensuite deux années en Grèce, et peuvent y rester une troisième année par décision du ministre. Pendant la durée de leur séjour, ils jouissent d'un traitement spécial.

Chaque membre est tenu d'envoyer à l'académie, par l'intermédiaire du ministre de l'instruction publique, avant l'expiration de chaque année, un travail personnel soumis au jugement d'une commission spéciale.

Les membres de l'école communiquent à l'académie des Inscriptions et Belles-Lettres, par l'entremise du directeur, les découvertes archéologiques qui sont venues à leur connaissance et les résultats des fouilles auxquelles ils ont assisté ou dont ils ont pris l'initiative.

Les élèves de l'académie de France à Rome autorisés à faire un séjour à Athènes, les boursiers de voyage, les prix d'exposition, sont reçus à l'école française d'Athènes et placés temporairement sous l'autorité du directeur.

(*Décrets du 25 mars 1873 et du 26 novembre 1874; arrêté du 11 novembre 1875.*)

ÉCOLE FRANÇAISE DE ROME.

Cette école, qui est établie à Rome et ressortit au ministère de l'instruction publique, a pour objet : la préparation pratique des membres de l'école française d'Athènes aux travaux qu'ils doivent faire en Grèce ou en Orient ; l'étude érudite des monuments et des bibliothèques de l'Italie ; les collations et les recherches qui lui sont demandées par l'Institut, par les comités du ministère et par divers savants, autorisés par le directeur de l'école.

Elle est une mission permanente en Italie et se compose : 1° des membres de première année de l'école d'Athènes; 2° des membres propres à l'école de Rome.

Les membres propres à l'école de Rome sont au nombre de six. Ces places sont attribuées soit à des candidats présentés par l'École normale supérieure, par l'école des chartes et par la section d'histoire et de philologie de l'école pratique des hautes études, soit à des docteurs reçus avec distinction ou à des jeunes gens signalés par leurs travaux.

Les candidats de l'École normale doivent avoir le titre d'agrégé (p. 10), ceux de l'école des chartes le diplôme d'archiviste paléographe (p. 101), ceux de l'école des hautes études le titre d'élève diplômé (p. 93).

Les membres de l'école sont nommés pour un an. Du 1er au 10 juin, ils doivent adresser au ministre un ou plusieurs travaux personnels, qui sont soumis à l'académie des Inscriptions et Belles-Lettres. Après l'avis de l'académie, une prolongation d'abord (d'une seconde année, puis d'une troisième, peut être accordée.

(*Décret du 20 novembre 1875.*)

ÉCOLES DE DROIT.

Les écoles ou facultés de droit de l'État ressortissent au ministère de l'instruction publique[1].

Les étudiants qui désirent suivre les cours d'une faculté de droit doivent se faire inscrire au secrétariat de la faculté du 15 octobre au 15 novembre[2]. Ils doivent produire : 1° leur acte de naissance; 2° le consentement de leurs parents ou tuteurs, s'ils sont encore mineurs; 3° un certificat de bonnes vie et mœurs ; 4° le diplôme de bachelier ès lettres (p. 23).

Ceux qui n'ont pas leur domicile dans la ville siège de la faculté doivent offrir pour répondant une personne domiciliée en cette ville. Cette personne est tenue d'inscrire elle-même son nom et son adresse sur un registre ouvert au secrétariat de la faculté.

Les cours des facultés de droit commencent dans la première quinzaine de novembre et finissent dans la seconde quinzaine d'août. Les sessions d'examens ont lieu à des époques fixes déterminées pour chaque faculté. A Paris, elles sont permanentes.

Les étudiants qui aspirent aux grades que les facultés de droit sont chargées de conférer doivent, afin de pouvoir justifier du temps d'études exigé par les règlements, inscrire eux-mêmes, dans les quinze premiers jours de chaque trimestre, leurs noms, prénoms, âge et lieu de naissance sur un registre ouvert à cet effet au secrétariat de la faculté. Ils ne peuvent prendre de nouvelles inscriptions qu'après avoir justifié : 1° de leur assiduité aux cours du trimestre écoulé; 2° de leur assiduité à un cours de la faculté des lettres et à un cours, soit de la faculté de théologie, soit de la faculté des sciences.

La durée des cours des facultés de droit est d'une année pour être admis à l'examen de capacité en droit (p. 36), de deux années pour le baccalauréat (p. 36), de trois années pour la licence (p. 37) et de quatre années pour le doctorat (p. 37).

Les frais d'études ou d'inscriptions, d'examens et de diplôme s'élèvent à 255 francs pour le certificat de capacité en droit, à 560 francs pour le grade de bachelier en droit, à 570 francs pour celui de licencié en droit, à

1. Il existe douze facultés de droit de l'État, qui sont situées dans les villes suivantes: Paris, Aix, Bordeaux, Caen, Dijon, Douai, Grenoble, Lyon, Nancy, Poitiers, Rennes, Toulouse. Une nouvelle faculté de droit vient d'être créée à Montpellier par décret du 28 novembre 1878.

2. Les étudiants qui ne sont reçus bacheliers ès lettres que dans la session de novembre sont admis à prendre leur première inscription jusqu'au 20 novembre. — Le registre des inscriptions est également ouvert pendant les quinze premiers jours des trimestres de janvier, d'avril et de juillet. — « Le ministre peut accorder, par décision individuelle, à des jeunes gens âgés de dix-neuf ans accomplis, l'autorisation de prendre la première inscription au trimestre d'avril. » (*Arrêté du 10 août 1877.*)

570 francs pour celui de docteur en droit, y compris le droit de bibliothèque de 2 fr. 50 c. par chaque inscription.

Les étudiants qui n'aspirent qu'au certificat de capacité en droit ne sont
pas tenus de produire le diplôme de bachelier ès lettres. Ils doivent justifier du certificat d'examen de grammaire (p. 20) et suivre pendant une
année les cours de la faculté[1].

(*Décret du 22 août 1854; arrêtés des 22 septembre 1843, 4 février
1853 et 15 juillet 1858.*)

ÉCOLES DE MÉDECINE.

Les écoles de médecine de l'État ressortissent au ministère de l'instruction publique. Elles comprennent les facultés de médecine, les facultés
mixtes de médecine et de pharmacie, les écoles de médecine et de pharmacie de plein exercice et les écoles préparatoires de médecine et de
pharmacie[2].

Les *facultés de médecine* et les *facultés mixtes de médecine et de pharmacie* reçoivent toutes les inscriptions et font passer valablement tous les
examens des aspirants et aspirantes aux divers diplômes et certificats qui
se rapportent à l'exercice de la médecine : *diplôme de doctorat en médecine ou en chirurgie* (16 inscriptions, 8 examens ou épreuves, 1 thèse,
p. 30); *diplôme d'officier de santé* (12 inscriptions, 2 examens de fin
d'année, 3 examens de fin d'études, p. 32); *certificats de sage-femme de
1re classe* (2 examens, p. 35) *et de sage-femme de 2e classe* (1 examen,
p. 36). Elles ne délivrent le diplôme d'officier de santé et le certificat de
sage-femme de 2e classe que pour les départements où elles siègent.

Les *écoles de médecine et de pharmacie de plein exercice* peuvent recevoir
toutes les inscriptions des aspirants au diplôme de *docteur en médecine ou
en chirurgie* (16 inscriptions); mais les examens exigés pour ce diplôme
doivent être subis devant une faculté. Elles reçoivent toutes les inscriptions et font passer tous les examens des aspirants au *diplôme d'officier
de santé* (12 inscriptions, 2 examens de fin d'année, 3 examens de fin
d'études). Elles ne peuvent faire passer que l'examen du *certificat de sage-*

---

1. En vertu de la loi du 12 juillet 1875 sur l'enseignement supérieur, des facultés libres de droit ont été fondées à Paris, Angers, Lille, Lyon et Toulouse. Les
conditions d'inscriptions et de scolarité y sont les mêmes que dans les facultés de
droit de l'État.

2. Il existe trois facultés de médecine, à Paris, Montpellier et Nancy ; — trois facultés mixtes de médecine et de pharmacie, à Bordeaux, Lille et Lyon ; — deux écoles
de médecine et de pharmacie de plein exercice, à Marseille et à Nantes ; — seize
écoles préparatoires de médecine et de pharmacie, à Alger, Amiens, Angers, Arras,
Besançon, Caen, Clermont, Dijon, Grenoble, Limoges, Poitiers, Reims, Rennes,
Rouen, Toulouse, Tours. Un décret du 28 novembre 1878 crée une quatrième faculté
mixte de médecine et de pharmacie à Toulouse, en remplacement de l'école préparatoire qui existe dans cette ville; mais elle n'est pas encore organisée.

femme de 2° classe. Elles no délivrent co diplômo et co certificat que pour les départements compris dans leur circonscription.

Les *écoles préparatoires de médecine et de pharmacie* peuvent recevoir les *douze premières* inscriptions des aspirants au *diplôme de docteur en médecine ou en chirurgie*, mais no font passer aucun oxamen pour co grado. Elles reçoivent *quatorze* inscriptions des aspirants au *diplôme d'officier de santé* et leur font subir tous les examens proscrits (3 examens do fin d'année, 3 examens do fin d'études). Elles font passer l'examen du *certificat de sage-femme de 2° classe.* Elles no délivrent co diplômo et co certificat que pour les départements compris dans leur circonscription.

Les étudiants qui veulent suivre lo cours do ces écoles doivent so présenter au secrétariat du 2 au 15 novembre[1]. Ils doivent être accompagnés do leur père ou tuteur, ou d'un correspondant si leurs parents ou leur tuteur n'habite pas la ville siège do l'école, et produire : 1° leur acto de naissance; 2° un certificat do bonnes vie et mœurs; 3° lo consentement do leurs parents ou do leur tuteur, s'ils sont mineurs; 4° les diplômes do bachelier ès lettres (p. 23) et do bachelier ès sciences restreint pour la partie mathématique (p. 27), s'ils aspirent au diplômo do docteur en médecine; ou lo certificat d'examen do grammaire (p. 20), s'ils n'aspirent qu'au titro d'officier de santé.

Les études pour obtenir lo diplômo do docteur en médecine durent quatre années; les aspirants ont, dans lo cours ou à la fin do ces quatre années, à subir cinq examens, divisés en huit épreuves; à faire, après la huitième inscription validée, deux années do stago dans un hôpital placé près la faculté ou l'école; et à soutenir uno thèse.

Les aspirants au titro d'officier do santé sont soumis à trois années d'études dans une faculté, uno faculté mixte ou uno école do plein exercice, et à trois années et demio d'études dans une écolo préparatoire. Ils doivent choisir pour leurs études la faculté ou l'école dans lo ressort do laquelle est compris lo département où ils veulent exercer. Ils ont à faire, après la quatrième inscription validée, un stago do deux années dans un hôpital placé près la faculté ou l'école et à subir deux oxamens do fin d'année et trois examens do fin d'études, lo dernier do ces examens no pouvant être subi qu'à vingt et un ans révolus. Dans los écoles préparatoires, les aspirants à co titro ont à subir un troisième examen do fin d'année.

Les cours commencent dans la première quinzaine de novembre et finissent dans la seconde quinzaine d'août. Les examens ont lieu pendant toute l'année scolaire dans les facultés. Dans les écoles do plein exercice et les écoles préparatoires, il y a deux sessions d'examens, en avril et en septembre.

Pour être admis aux examens, les étudiants doivent produire les certi-

---

1. « Le ministre peut accorder, par décision individuelle, à des jeunes gens âgés de dix-neuf ans accomplis, l'autorisation do prendre la première inscription au trimestre d'avril. » (*Arrêté du 10 août 1877.*)

ficats d'inscriptions justifiant du temps d'études exigé, et, s'il y a lieu, un extrait de leur acte de naissance, constatant qu'ils ont l'âge légal pour s'y présenter.

Les frais d'inscriptions et d'examens s'élèvent : pour le diplôme de docteur en médecine à 1,360 francs y compris le droit de bibliothèque de 2 fr. 50 c. par chaque inscription; pour le titre d'officier de santé à 870 francs, y compris le droit de bibliothèque, dans les facultés, à 780 francs dans les écoles de plein exercice et les écoles préparatoires.

> (*Loi du 3 août 1875; décrets des 22 août 1854, 14 juillet et 20 no-vembre 1875, 24 avril et 10 août 1877 et 20 juin 1878; arrêtés des 23 décembre 1854, 7 avril 1859, 31 janvier 1874 et 22 juillet 1878; instruction du 20 novembre 1878.*)

ÉCOLES DE PHARMACIE.

Les écoles de pharmacie de l'État ressortissent au ministère de l'instruction publique. Elles comprennent des écoles supérieures de pharmacie, des facultés mixtes de médecine et de pharmacie, des écoles de médecine et de pharmacie de plein exercice, des écoles préparatoires de médecine et de pharmacie [1].

Les *écoles supérieures de pharmacie* et les *facultés mixtes de médecine et de pharmacie* reçoivent toutes les inscriptions et font passer valablement tous les examens des aspirants aux divers diplômes et certificats qui se rapportent à l'exercice de la pharmacie : *diplôme de pharmacien de 1re classe* (12 inscriptions, 3 examens de fin d'année ou de semestre, 3 examens probatoires ou de fin d'études (p. 33); *diplôme supérieur de pharmacien de 1re classe* (4 inscriptions, 1 examen, 1 thèse, p. 34); *diplôme de pharmacien de 2e classe* (12 inscriptions, 3 examens de fin d'année, 3 examens de fin d'études, p. 34); *certificats d'herboriste de 1re classe* (1 examen, p. 35) et *d'herboriste de 2e classe* (1 examen, p. 35). Elles ne délivrent le diplôme de pharmacien de 2e classe et le certificat d'herboriste de 2e classe que pour les départements où elles siègent.

Les *écoles de médecine et de pharmacie de plein exercice* peuvent recevoir toutes les inscriptions des aspirants au *diplôme de pharmacien de 1re classe* (12 inscriptions); mais elles ne font passer que les 3 examens de

---

1. Il existe trois écoles supérieures de pharmacie, à Paris, Montpellier et Nancy, — trois facultés mixtes de médecine et de pharmacie, à Bordeaux, Lille et Lyon; — deux écoles de médecine et de pharmacie de plein exercice, à Marseille et à Nantes; — seize écoles préparatoires de médecine et de pharmacie, à Alger, Amiens, Angers, Arras, Besançon, Caen, Clermont, Dijon, Grenoble, Limoges, Poitiers, Reims, Rennes, Rouen, Toulouse, Tours. — Un décret du 30 novembre 1878 a créé une quatrième faculté mixte de médecine et de pharmacie à Toulouse, en remplacement de l'école préparatoire qui existe dans cette ville; mais elle n'est pas encore organisée.

fin d'année ou de semestre, les examens probatoires devant être subis devant une école supérieure ou une faculté mixte. Elles reçoivent toutes les inscriptions et font passer tous les examens des aspirants au *diplôme de pharmacien de 2e classe* (12 inscriptions, 3 examens de fin d'année, 3 examens de fin d'études, p. 34). Elles ne peuvent faire passer que l'examen d'*herboriste de 2e classe* (p. 35). Elles ne délivrent ce diplôme et ce certificat que pour les départements compris dans leur circonscription.

Les *écoles préparatoires de médecine et de pharmacie* peuvent recevoir les huit premières inscriptions des aspirants au *diplôme de pharmacien de 1re classe*, mais ne font passer que les deux premiers examens de fin d'année, l'examen de fin de semestre et les examens probatoires devant être subis devant une école supérieure ou une faculté mixte. Elles reçoivent toutes les inscriptions et font passer tous les examens des aspirants au *diplôme de pharmacien* de 2e classe (12 inscriptions, 3 examens de fin d'année, 3 examens de fin d'études, p. 34). Elles ne font passer que l'examen du *certificat d'herboriste de 2e classe* (p. 35). Elles ne délivrent ce diplôme et ce certificat que pour les départements compris dans leur circonscription.

Les étudiants qui veulent suivre les cours de ces écoles doivent se faire inscrire au secrétariat du 2 au 15 novembre[1]. Lors de la première inscription, ils ont à produire les pièces suivantes : 1o leur acte de naissance; 2o le consentement de leurs parents ou tuteurs, s'ils sont mineurs; 3o l'indication de leur domicile dans la ville où est le siège de l'école et celui de leur père, mère, tuteur ou répondant; 4o soit le diplôme de bachelier ès sciences (p. 20), soit le certificat d'examen de grammaire (p. 26), suivant la classe de pharmaciens à laquelle ils aspirent. A partir de novembre 1879, les aspirants au diplôme de pharmacien de première classe pourront produire le diplôme soit de bachelier ès sciences (p. 26), soit de bachelier ès lettres (p. 23); et les aspirants à l'un ou l'autre diplôme de pharmacien devront en outre justifier qu'ils ont subi avec succès l'examen de validation de stage.

Les études pour obtenir le diplôme de pharmacien de première classe durent six années, dont trois années de stage dans une officine et trois années de cours suivis dans une école supérieure, une faculté mixte ou une école de plein exercice (ou dans une école préparatoire, pour les deux premières années seulement). Une quatrième année d'études est exigée de ceux qui veulent obtenir le diplôme supérieur de pharmacien de première classe.

Les aspirants au diplôme de pharmacien de deuxième classe sont soumis également à trois années de stage et à trois années d'études dans l'école supérieure, la faculté mixte, l'école de plein exercice ou l'école préparatoire dont le ressort comprend le département où ils veulent exercer.

Les cours commencent dans la première quinzaine de novembre et

1. Voir la note 1, p. 98.

finissent dans la seconde quinzaine d'août. Les examens ont lieu pendant toute l'année dans les écoles supérieures et les facultés mixtes. Il y a, dans les écoles de plein exercice et les écoles préparatoires, deux sessions d'examens, en avril et en septembre.

Pour être admis aux examens, les étudiants doivent produire les certificats d'inscriptions justifiant du temps d'études exigé, et, lors du dernier examen, un extrait de leur acte de naissance constatant qu'ils ont vingt-cinq ans révolus.

Les frais d'inscriptions et d'examens s'élèvent : pour le diplôme de pharmacien de première classe à 1,420 francs, et pour le diplôme supérieur de pharmacien de première classe à 400 francs, y compris le droit de bibliothèque de 2 fr. 50 c. par chaque inscription ; pour le diplôme de pharmacien de deuxième classe à 1,170 francs dans les écoles supérieures et les facultés mixtes, y compris le droit de bibliothèque, et à 1,140 francs dans les écoles de plein exercice et les écoles préparatoires.

(Loi du 3 août 1875 ; décrets des 22 août 1854, 14 juillet et 20 novembre 1875, 21 avril et 10 août 1877, et 12 juillet 1878 ; arrêtés des 23 décembre 1854, 15 juillet 1858, 31 janvier 1874, 22 et 31 juillet et 30 décembre 1878.)

ÉCOLE DES CHARTES.

Cette école, qui est établie à Paris, au palais des Archives nationales, et qui ressortit au ministère de l'instruction publique, est destinée à former des archivistes paléographes pour les fonctions d'archiviste et de bibliothécaire.

Pour obtenir le titre d'élève de cette école, il faut être Français, bachelier ès lettres (p. 23) et âgé de moins de vingt-cinq ans révolus au 31 décembre de l'année qui précède l'inscription, s'inscrire au secrétariat de l'école, du 25 octobre au 5 novembre, pour un examen d'admission, et être présenté par le conseil de perfectionnement de l'école à la nomination du ministre.

Les examens d'admission, qui comprennent, comme épreuves écrites, une version latine, un thème latin et une composition sur l'histoire et la géographie de la France avant 1789, et, comme épreuves orales, l'explication d'un texte latin et des questions d'histoire et de géographie de la France avant 1789, ont lieu dans les dix jours qui suivent la clôture du registre d'inscription.

Le cours d'études est de trois années. Le régime de l'école est l'externat. Les cours sont publics et gratuits ; ils commencent dans la seconde quinzaine de novembre et finissent le 1er août.

Huit bourses ou subventions existent en faveur des élèves de l'école. Ces bourses sont annuelles et consistent dans un traitement de six cents francs chacune. A la fin de chaque année d'études, les huit bourses sont mises au concours, savoir : deux bourses pour les élèves du premier cours, trois bourses pour ceux du douxième et trois bourses pour ceux du troisième.

Il est procédé chaque année, par le conseil de perfectionnement de l'école, à des examens de fin d'année, auxquels concourent nécessairement tous les élèves, sous peine de perdre leur titre. Les élèves déclarés admissibles au service paléographique soutiennent en séance publique, dans le courant de janvier, une thèse imprimée, dont le sujet est laissé à leur choix parmi les matières qui se rattachent à l'enseignement de l'école. Les élèves qui subissent avec succès l'épreuve de la thèse reçoivent le diplôme d'archiviste paléographe.

Sont à titre conditionnel dispensés du service militaire les élèves de l'école des chartes, nommés après examen, à condition de passer dix ans tant dans ladite école que dans un service public.

Le diplôme donne droit aux fonctions d'archiviste des départements, de commis aux archives de l'État, d'employé dans les bibliothèques publiques, d'auxiliaire pour la publication des documents inédits de l'histoire de France et pour les travaux de l'académie des Inscriptions et Belles-Lettres, de répétiteur et professeur de l'école des chartes. Un traitement fixe de six cents francs est alloué à six archivistes paléographes non pourvus d'emploi qui, pour compléter leurs études, sont temporairement chargés des travaux de classement, d'inventaire ou de catalogues, dans les divers dépôts d'archives ou de livres-manuscrits.

(Loi du 27 juillet 1872; décrets des 4 février 1850, 14 février 1851, 30 janvier 1869 et 29 août 1873; arrêté du 24 juillet 1872.)

ÉCOLE DES LANGUES ORIENTALES VIVANTES.

Cette école, établie à Paris, rue de Lille, 2, ressortit au ministère de l'instruction publique. Elle a pour but de former des élèves-consuls et des élèves-interprètes pour les pays de l'Orient. La durée des cours est de trois ans. Ils sont publics et gratuits. Ils commencent le 1er lundi de novembre et se terminent le 31 juillet.

Les aspirants au titre d'élève de l'école des langues orientales vivantes sont tenus de s'inscrire, du 15 octobre au 1er lundi de novembre, au secrétariat de l'école. En s'inscrivant, ils doivent déposer : 1° leur acte de naissance prouvant qu'ils sont Français et âgés de seize ans au moins et de vingt-quatre ans au plus; 2° les attestations ou diplômes justifiant de leurs études antérieures. Le ministre décide, sur l'avis du conseil de perfectionnement, des exceptions qu'il peut y avoir lieu de faire à ces conditions d'âge et de nationalité.

Les candidats non pourvus du diplôme de bachelier ès lettres (p. 23) sont assujettis à un examen d'admission comprenant une épreuve écrite et une épreuve orale. L'épreuve écrite consiste en une version latine de la force de la classe de seconde des lycées et une composition française dont le sujet est emprunté à l'histoire de France. Les candidats dont les compositions écrites ont été jugées satisfaisantes sont seuls admis à l'épreuve orale, qui comprend l'explication, à livre ouvert, d'un passage de latin ou de grec emprunté à des auteurs désignés, l'explication d'une page de prose d'une langue moderne (allemand, anglais, hollandais, italien, espagnol ou russe), des questions sur la géographie générale, sur l'histoire moderne, et sur la littérature française depuis le commencement du dix-septième siècle.

Les élèves de l'école qui justifient d'une année d'études assidues peuvent obtenir des subventions dont le montant annuel est de mille francs au moins et de mille cinq cents francs au plus. Les élèves qui, par leur assiduité et leurs progrès, ont mérité ces subventions sont proposés au ministre pour être nommés élèves pensionnaires de l'école.

La collation et la jouissance des bourses fondées par les départements, les communes, les chambres de commerce ou les particuliers ont lieu aux conditions indiquées par l'acte de fondation.

A la fin du cours d'études, il est délivré par le ministre, aux élèves qui en sont jugés dignes, un diplôme d'élève breveté de l'école des langues orientales vivantes. Ce diplôme indique la langue sur laquelle l'élève a subi l'épreuve.

Sur l'avis de l'assemblée des professeurs et du conseil de perfectionnement réunis, les élèves brevetés qui se sont le plus distingués dans les examens peuvent être envoyés, aux frais des départements ministériels intéressés, dans les pays dont ils ont appris la langue, afin de s'y perfectionner dans la pratique de cette langue et dans la connaissance des intérêts politiques et commerciaux de la contrée.

Sont, à titre conditionnel, dispensés du service militaire, les élèves de l'école des langues orientales vivantes qui ont obtenu le titre de pensionnaires, à condition de passer dix ans tant dans ladite école que dans un service public.

(*Loi du 27 juillet* 1872; *décrets des 8 novembre* 1869, 11 *mars* 1872 *et* 6 *septembre* 1873; *arrêté du* 31 *juillet* 1876.)

BEAUX-ARTS.

ÉCOLES DES BEAUX-ARTS.

Il y a trois écoles nationales des beaux-arts, à Paris, à Lyon et à Dijon; elles ressortissent au ministère de l'instruction publique et des beaux-arts.

École nationale et spéciale des beaux-arts de Paris. — L'école nationale et spéciale des beaux-arts, située à Paris, rue Bonaparte, n° 14, donne l'enseignement de tout ce qui touche aux différentes branches des arts du dessin : peinture, sculpture, architecture; gravure en taille-douce, gravure en médailles et en pierres fines.

Cette école comprend : des ateliers où l'on exécute des travaux techniques; des cours professés en vue de leur application aux beaux-arts; enfin l'école proprement dite, où l'on peut concourir pour obtenir des récompenses et des titres.

Le régime de l'école est l'externat. L'enseignement est gratuit. Les cours ont lieu à partir du 1er novembre. Il y a vacances à l'école du 1er août au 15 octobre.

Les jeunes gens qui veulent entrer à l'école doivent préalablement se faire inscrire au secrétariat, justifier de leur âge et de leur qualité, et de plus, s'ils sont étrangers, se présenter avec une lettre d'introduction de l'ambassadeur, du ministre ou du consul général de leur nation.

Tous doivent être munis d'une pièce attestant qu'ils sont capables de profiter de l'enseignement de l'école.

Nul ne peut obtenir son inscription s'il a moins de 15 ans et plus de 30 ans révolus, dernière limite d'âge des études à l'école.

Les jeunes gens inscrits prennent le titre d'*aspirants*, et, en cette qualité, ils ont accès, ainsi que les élèves des ateliers et de l'école proprement dite, aux cours, aux galeries et à la bibliothèque.

Sont *élèves* de l'école et jouissent des avantages attachés à cette qualité les jeunes gens qui ont été admis à l'école proprement dite, après avoir subi avec succès des épreuves déterminées.

Trois ateliers de peinture, trois ateliers de sculpture, trois ateliers d'architecture, un atelier de gravure en taille-douce et un atelier de gravure en médailles et pierres fines sont attachés à l'école.

Les jeunes gens qui veulent étudier dans l'un de ces ateliers doivent d'abord se faire agréer par le professeur sous la direction duquel ils désirent être placés. Ce professeur détermine lui-même les épreuves que les jeunes gens doivent subir pour y être admis ; il est seul juge de ces épreuves.

Une fois inscrit dans un atelier, l'élève doit y être assidu. Les cas d'absence doivent toujours être justifiés auprès du professeur. Une absence de trois mois sans excuses légitimes entraîne l'exclusion de l'atelier.

Les professeurs ne reçoivent que le nombre d'élèves que les locaux fournis par l'administration peuvent contenir sans préjudice pour le travail.

L'inscription dans les ateliers doit être renouvelée au commencement de chaque année scolaire; elle se fait soit directement, soit par lettres. Tout élève qui ne s'est pas fait réinscrire dans le premier mois est considéré comme démissionnaire. C'est à ce moment aussi que le professeur désigne au directeur de l'école les élèves qu'il a des motifs d'exclure de son atelier.

La radiation d'un élève est prononcée par le directeur, qui la notifie à celui qui en est l'objet. Celui-ci peut être admis dans un autre atelier avec l'agrément du professeur de cet atelier, mais sur la présentation du professeur de l'atelier qu'il quitte et avec l'assentiment du directeur. Sous ces conditions, tout élève a la faculté de changer d'atelier.

Les élèves sont admis à fréquenter en même temps des ateliers de sections différentes.

Pendant le cours de chaque année, les professeurs chargés de la direction des ateliers font un choix parmi les ouvrages de leurs élèves. Ces travaux sont exposés, et des encouragements peuvent être accordés aux élèves qui ont montré le plus d'aptitude. Les professeurs d'atelier sont en outre autorisés à faire connaître au directeur, qui les signale au ministre, ceux de leurs élèves qu'ils jugent dignes d'être soutenus dans leurs études.

L'école des beaux-arts comprend, en peinture, en sculpture et en architecture, un ordre d'études et un régime de concours auxquels on ne peut prendre part qu'après avoir satisfait à des épreuves d'admission. Ces concours donnent lieu à l'obtention de prix, de médailles ou de mentions, qui sont convertis en points ou valeurs d'après une évaluation fixée par arrêté ministériel.

Chaque année, en mars et en août, les candidats *peintres* et *sculpteurs*, régulièrement inscrits, subissent les épreuves d'admission, qui consistent :
Pour les *peintres* : 1° en un dessin d'anatomie (ostéologie) à exécuter en loge et en une séance de deux heures ; 2° en une épure de perspective à exécuter en loge et en une séance de quatre heures ; 3° en un dessin d'ornement à exécuter en trois séances de deux heures chacune, d'après un plâtre ; 4° en un examen sur les notions générales de l'histoire, écrit ou oral, au choix du candidat ; 5° en une étude dessinée d'après nature, qui embrasse douze heures de travail et se fait en une semaine, à raison de deux heures par jour ;
Pour les *sculpteurs* : 1° en un dessin d'anatomie (ostéologie) à exécuter en loge, en une séance de deux heures ; 2° en un dessin d'ornement à exécuter en trois séances de deux heures chacune, d'après un plâtre ; 3° en un examen sur les notions générales de l'histoire, écrit ou oral, au choix du candidat ; 4° en une figure modelée en bas-relief d'après nature : cette étude, qui embrasse douze heures de travail, se fait en une semaine, à raison de deux heures par jour.
Sont et demeurent dispensés de ces épreuves, et en conséquence restent inscrits sur les listes de l'école, les élèves qui ont remporté une médaille dans les concours de peinture et de sculpture, et ceux qui ont obtenu le titre de premier dans un des précédents concours d'admission.
Chaque mois, à l'exception des quatre mois consacrés aux concours des places et aux vacances, il est fait entre les élèves de l'école un concours d'après nature et d'après l'antique alternativement. Des récompenses, consistant en une seconde et deux troisièmes médailles au plus, peuvent être accordées à la suite de ces concours.
Chaque trimestre, il y a un concours de composition consistant en une esquisse peinte pour les élèves de la classe de dessin et en une esquisse en bas-relief et en ronde bosse alternativement pour les élèves de la classe de sculpture. Pour prendre part à ce concours, auquel peuvent être affectées une seconde et deux troisièmes médailles au plus, les élèves de la classe de dessin doivent avoir obtenu une mention en perspective.

Chaque année il est ouvert, entre les élèves sculpteurs et graveurs en médailles et en pierres fines, un concours de composition sur un sujet de gravure en médailles et en pierres fines. Ce concours peut donner lieu à des récompenses consistant en une seconde et deux troisièmes médailles au plus.

Chaque année, il y a quatre concours de dessin ornemental, auxquels participent en commun les élèves des sections de peinture, de sculpture et d'architecture. A ces concours, qui durent une semaine, à raison de deux heures par jour, sont affectées trois troisièmes médailles au plus et des mentions.

Des concours scientifiques sont en outre ouverts aux élèves de l'école proprement dite, aux élèves des ateliers institués à l'école et aux élèves du dehors.

Chaque semestre, il y a un cours d'anatomie donnant lieu à deux troisièmes médailles au plus et à des mentions.

Chaque semestre, il y a pour les peintres et les sculpteurs un concours de perspective sur un sujet indiqué par le professeur; ce concours peut donner lieu, pour chaque section, à deux troisièmes médailles au plus et à des mentions.

Chaque année, il y a un concours simultané d'esquisse dessinée et de bas-relief sur un sujet se rapportant aux matières traitées dans le cours d'histoire et d'archéologie, pour lequel le jury peut accorder, dans chaque section, une seconde et une troisième médaille ou deux troisièmes médailles et des mentions.

Chaque année, au commencement de l'année scolaire, il y a un examen d'histoire et d'archéologie donnant lieu à des mentions. Le cours embrassant trois années, les élèves qui ont obtenu trois mentions répondant aux trois années du cours sont exemptés de tout examen. A la fin de cette période, des troisièmes médailles peuvent être décernées aux élèves qui se sont le plus distingués dans les trois examens.

Deux concours semestriels, dits de grande médaille, sont ouverts dans le courant des mois d'octobre et d'avril, en peinture et en sculpture, entre les élèves des ateliers de l'école et les élèves du dehors, pourvu qu'aucun de ces derniers n'ait moins de quinze ans ni plus de trente ans révolus. Le concours d'octobre peut donner lieu, dans chacune des deux sections, à trois prix. La récompense attachée au concours d'avril consiste, pour chacune des sections, en une première médaille.

Ces concours se composent de deux épreuves : la première consistant en une esquisse peinte ou modelée en bas-relief, dont le sujet est donné par le conseil supérieur; la seconde en une figure peinte ou modelée d'après nature; les élèves classés les dix premiers à l'épreuve de l'esquisse sont seuls admis à prendre part à la seconde épreuve.

Pour être admis au concours semestriel d'octobre, les élèves doivent avoir acquis : les *peintres*, des mentions en perspective, en anatomie et en histoire et archéologie; les *sculpteurs*, des mentions en anatomie et en histoire et archéologie. La mention en histoire et archéologie doit répondre à celles des trois divisions du cours qui a été professée dans l'année. Au concours semestriel d'avril, les concurrents ne sont pas astreints à produire ces mentions.

Sont admis de droit aux concours semestriels : 1° les élèves ayant obtenu des récompenses dans les concours du grand prix de Rome, et ceux qui, ayant été reçus au concours définitif pour ce prix, ont exécuté ce concours; 2° les élèves qui ont obtenu une première médaille dans les précédents concours semestriels ou deux secondes médailles, l'une d'après nature, l'autre d'après l'antique.

Il est accordé, en peinture et en sculpture, à l'élève qui a remporté le plus de valeurs de récompense à la suite des différentes épreuves de l'année scolaire un prix qui prend le nom de *grande médaille d'émulation*.

Peuvent seuls demander le certificat d'*élève de l'école nationale des beaux-arts de Paris dans les sections de peinture et de sculpture* ceux qui ont obtenu :

Soit l'admission en loge pour le prix de Rome, pourvu que le concours ait été exécuté; soit le prix du torse, ou le prix de la tête d'expression; soit le prix de peinture historique, dit prix Jauvin d'Attainville[1];

Soit le titre de premier dans l'un des concours d'admission; soit une médaille dans les concours d'après nature ou d'après l'antique, pourvu qu'ils aient de plus : les *peintres*, une mention en perspective, une mention en anatomie et les trois mentions en histoire et archéologie; les *sculpteurs*, une mention en anatomie et les trois mentions en histoire et archéologie.

Il est institué, en faveur des élèves des sections de peinture et de sculpture, des examens à la suite desquels sont délivrés des *certificats d'aptitude* et des *diplômes de professeur pour l'enseignement du dessin d'art*.

Les élèves qui désirent concourir pour l'obtention du *certificat d'aptitude à l'enseignement du dessin d'art* doivent préalablement : 1° avoir été admis dans la section de peinture ou de sculpture; 2° avoir obtenu dans les concours de l'école une mention d'ornement; 3° avoir remporté une troisième médaille en dessin ou en sculpture d'après nature ou d'après l'antique.

Les élèves qui ont satisfait à ces conditions peuvent prendre part à un concours spécial qui consiste: 1° à exécuter un dessin d'anatomie et un dessin de perspective (et à en rendre compte); 2° à dessiner une académie d'après nature ou d'après l'antique; 3° à dessiner d'après nature une tête de grandeur naturelle dans les conditions du concours dit de la tête d'expression; 4° à corriger, en présence du jury, des dessins répondant aux épreuves qu'ils viennent de subir, en motivant leurs corrections.

---

1. Le concours de peinture historique désigné sous le nom de son fondateur, M. Jauvin d'Attainville, est un concours de peinture décorative. Il est ouvert à tous les élèves admis à l'école des beaux-arts. Les sujets proposés sont destinés soit à être peints à l'huile, soit à être exécutés en tapisserie. Ce concours comprend un concours d'essai et un concours définitif.

Les élèves qui désirent concourir pour l'obtention du *diplôme de professeur pour l'enseignement du dessin d'art* doivent préalablement : 1° avoir été admis dans la section de peinture ou dans la section de sculpture; 2° avoir obtenu dans les concours de l'école une mention en anatomie et une mention en perspective; 3° avoir remporté soit dans la section de peinture, soit dans la section de sculpture, une troisième médaille d'après nature, une troisième médaille d'après l'antique et une troisième médaille de dessin d'ornement.

Les élèves qui ont satisfait à ces conditions peuvent prendre part à un concours spécial, qui consiste pour les peintres et les sculpteurs : 1° à dessiner d'après nature une tête de grandeur naturelle et dans les conditions du concours dit de la tête d'expression; 2° à exécuter une composition élémentaire d'ornement d'après un programme donné; 3° pour les sculpteurs, à dessiner une académie d'après nature et une académie d'après l'antique; 4° de plus, pour tous les candidats, à corriger en présence du jury des dessins ou des ouvrages modelés répondant aux différentes épreuves qu'ils viennent de subir, en motivant leurs corrections.

La section d'*architecture* se compose de deux classes successives : la seconde et la première. Le nombre des élèves dans chaque classe n'est pas limité.

Les concours d'admission en seconde classe ont lieu deux fois par an, au mois de mars et au mois de juillet. Tout aspirant régulièrement inscrit au secrétariat de l'école peut s'y présenter.

Les candidats subissent d'abord une épreuve de dessin, qui consiste : 1° en un dessin d'ornement d'après un plâtre, exécuté dans les amphithéâtres de l'école et en trois séances de six heures chacune; 2° en une composition d'architecture exécutée sur un programme distribué au moment du concours : ce travail se fait en loge et en une seule séance de douze heures, à compter de la dictée du programme.

Un premier jugement préparatoire est porté sur ce double essai. Les candidats admis à la suite de ce jugement sont seuls autorisés à subir les autres épreuves, qui comprennent : 1° des exercices de calcul faits en loge; 2° un examen d'arithmétique, d'algèbre et de géométrie; 3° un examen de géométrie descriptive; 4° une épreuve d'histoire, consistant en un examen oral et une composition écrite sur les notions générales de l'histoire. Toutes ces épreuves ont lieu conformément aux programmes publiés par l'administration de l'école des beaux-arts.

Un second jugement préparatoire et éliminatoire est porté sur les épreuves scientifiques; puis les résultats des deux jugements préparatoires servent d'éléments au jugement définitif.

Les concours auxquels les *élèves architectes de seconde classe* sont appelés à prendre part sont : 1° les concours d'architecture, divisés en exercices analytiques d'architecture et en concours de composition proprement dite; 2° les concours sur les matières de l'enseignement scientifique; 3° les concours de dessin ornemental.

Les concours d'architecture consistent chaque année en : 1° six concours sur éléments analytiques ou études de composition à grande échelle sur sujets fragmentaires; 2° six concours de composition proprement dite, sur projets rendus; 3° cinq concours de composition sur esquisses. On ne peut exécuter simultanément un concours de composition sur projet rendu et un concours d'éléments analytiques.

Les concours sur les matières de l'enseignement scientifique consistent : 1° pour les mathématiques et la mécanique, en un examen sur les matières du cours et en des épreuves faites en loge; 2° pour la géométrie descriptive, en un certain nombre d'épures, dont une au moins faite en loge, et un examen sur ces épures et sur les matières du cours : ces examens ont lieu deux fois par an; 3° pour la stéréotomie et le levé des plans, en un certain nombre d'épures, dont une au moins faite en loge, et un examen sur ces épures et sur les matières du cours; 4° pour la perspective, en un certain nombre de croquis et de dessins d'après nature, en des épures, dont une au moins faite en loge et en un examen sur ces exercices et sur les matières du cours [1]; 5° pour la construction, en des exercices en loge, pendant la durée du cours, en des exercices spéciaux dans les ateliers et en un concours de construction générale, qui dure trois mois, et qui est suivi d'un examen oral [2].

Les élèves déclarés révisibles à la suite des jugements de stéréotomie, de perspective et de construction sont admis à subir un nouvel examen au commencement de l'année scolaire.

Tout élève qui, dans le courant de l'année scolaire, n'a pas rendu deux projets au moins et pris part à deux concours d'esquisse ou à deux concours d'éléments analytiques, ou passé trois examens avec un minimum préalablement déterminé, ou fait le concours de construction, est considéré comme démissionnaire et ne peut de nouveau faire partie de l'école qu'en subissant les épreuves d'admission, à moins qu'il n'en soit dispensé par décision du conseil supérieur.

Les concours de dessin ornemental sont au nombre de quatre chaque année; ils sont communs aux élèves des sections de peinture, sculpture et architecture. Chacun d'eux dure une semaine, à raison de deux heures par jour. En dehors de ces concours il y a, chaque année, six semaines dites de dessin, pendant lesquelles les élèves de la seconde classe exécutent, sous la direction d'un professeur spécial, trois dessins qu'ils doivent présenter au jury d'architecture pour, obtenir la mention nécessaire à leur passage en première classe [3].

1. Nul ne peut prendre part aux concours de stéréotomie et de perspective avant d'avoir obtenu une mention en mathématiques et en géométrie descriptive.

2. Nul ne peut prendre part au concours de construction avant d'avoir obtenu une mention en mathématiques, en géométrie descriptive et en stéréotomie.

3. Les dessins exécutés dans les concours de dessin ornemental peuvent être conservés, sur la demande des élèves, pour servir à obtenir la mention de dessin, à condition toutefois qu'ils seront soumis à l'appréciation du jury d'architecture, comme ceux qui sont exécutés pendant les semaines de dessin.

Ces divers concours peuvent donner lieu pour les élèves architectes en seconde classe à des récompenses, qui consistent, suivant la nature du concours, en premières, secondes ou troisièmes médailles et en premières et secondes mentions.

Pour passer de la seconde à la première classe, les élèves doivent avoir obtenu : 1° en architecture, six valeurs dont deux au moins sur éléments analytiques et deux sur projets rendus ; 2° en mathématiques, en géométrie descriptive, en stéréotomie, en construction, en perspective, une médaille ou une mention ; 3° la mention de dessin.

Les concours ouverts aux *élèves de première classe* sont : 1° des concours d'architecture ; 2° un concours d'ornement et d'ajustement ; 3° des concours de dessin ornemental.

Les concours d'architecture consistent, chaque année, en : 1° six concours sur projets rendus, dont l'un est plus spécialement affecté à la décoration ; 2° cinq concours sur esquisse. Toutes les esquisses se font en loge et chacune en une seule séance de douze heures. Les récompenses attribuées aux concours d'architecture sur projets rendus consistent en premières et en secondes médailles et en premières mentions, et pour les concours sur esquisse, en secondes médailles et en premières et secondes mentions.

Il y a, chaque année, un concours d'ornement et d'ajustement donnant lieu à des premières et à des secondes médailles et à des premières mentions. Ce concours se fait en loge et dure sept jours.

Les élèves de la première classe participent aux quatre concours de dessin ornemental qui ont lieu dans l'année scolaire, suivant les conditions indiquées plus haut. A ces concours sont affectées trois troisièmes médailles au plus et des mentions.

Tout élève de première classe qui n'a pas rendu au moins un projet et pris part à deux concours d'esquisse dans le courant de l'année scolaire est considéré comme renonçant à continuer ses études à l'école, sauf décision du conseil supérieur. Sont toutefois exemptés de cette obligation les élèves de première classe ayant été admis au concours définitif du grand prix de Rome et ayant exécuté le sujet du concours, et ceux qui ont obtenu dans le courant de l'année une première médaille.

Il est affecté à l'élève de première classe qui a obtenu le plus de valeurs de récompenses dans les diverses épreuves de l'année scolaire un prix qui prend le nom de *grande médaille d'émulation*.

Un *certificat de capacité* est délivré à tout élève de la première classe d'architecture ayant obtenu dans cette classe :

Soit une récompense au concours du grand prix de Rome, soit une première médaille ou deux secondes médailles, dont une au moins sur un projet rendu ;

Soit cinq valeurs de récompenses, dont trois valeurs au moins sur projets rendus.

Il est institué, en faveur des élèves architectes, des *certificats d'aptitude à l'enseignement du dessin scientifique*, des *diplômes de professeur de dessin scientifique* et des *diplômes d'architecte,* qui sont délivrés à la suite de concours spéciaux.

Les élèves qui désirent concourir pour l'obtention du *certificat d'aptitude à l'enseignement du dessin scientifique* doivent préalablement : avoir obtenu en seconde classe deux mentions d'architecture sur éléments analytiques et une mention en dessin ornemental. Les élèves qui remplissent ces conditions peuvent prendre part à un concours spécial, qui consiste : 1° à donner la preuve qu'ils savent la géométrie descriptive et la perspective ; 2° à donner la preuve qu'ils ont les notions essentielles du levé des plans et du nivellement ; 3° à exécuter à main levée des croquis en géométral et en perspective d'après les mêmes objets ; 4° à exécuter un dessin en géométral d'après des éléments donnés, ce dessin comportant le tracé des ombres et devant être lavé ; 5° à corriger, en présence du jury, des dessins répondant à ces différentes épreuves, en motivant leurs corrections.

Les élèves qui désirent concourir pour l'obtention du *diplôme de professeur pour l'enseignement du dessin scientifique* doivent préalablement : 1° avoir obtenu en seconde classe une mention de géométrie descriptive et une mention de perspective ; 2° avoir obtenu deux mentions d'architecture sur éléments analytiques et une mention de dessin ornemental. Les élèves qui remplissent ces conditions sont admis à un concours spécial qui consiste : 1° à exécuter à main levée des croquis en géométral et en perspective d'après les mêmes objets ; 2° à exécuter un dessin en géométral sur des éléments donnés, ce dessin comprenant le tracé des ombres et devant être lavé ; 3° à dessiner une tête d'après la bosse ; 4° à exécuter une composition d'ornement d'après un programme donné ; 5° à corriger, en présence du jury, des dessins répondant à ces différentes épreuves, en motivant leurs corrections.

Le *diplôme d'architecte* est délivré à la suite d'un concours qui a lieu chaque année à l'école des beaux-arts. Pour être admis à ces épreuves, il faut avoir obtenu au moins neuf valeurs en première classe dans les concours d'architecture, d'ornement et d'ajustement ou du prix de Rome. Il n'y a pas de limite d'âge.

Le programme du concours est donné par le conseil supérieur. Ce sujet proposé consiste en un projet d'architecture conçu et développé comme s'il devait être exécuté. Les épreuves se divisent en deux parties successives, l'une graphique et l'autre orale. La partie graphique se compose de plans, élévations et coupes ; elle embrasse les détails de la construction et est complétée par un mémoire descriptif et un devis. Ce travail est exécuté d'après une esquisse faite en loge, en une seule séance de douze heures. La partie orale consiste en un examen sur les différentes parties du projet lui-même, sur les parties théorique et pratique de la construction, telles que qualités et défauts des matériaux, leur résistance, les moyens employés pour leur mise en œuvre ; sur les éléments de physique et de chimie appliqués à la construction, et enfin sur les notions essentielles de législation du bâtiment et de comptabilité.

(*Règlement du 3 février* 1879.)

École nationale des beaux-arts de Lyon. — Les jeunes gens qui désirent entrer à l'école nationale des beaux-arts de Lyon doivent se faire inscrire au secrétariat, justifier qu'ils ont au moins douze ans révolus, qu'ils sont Français ou naturalisés Français, et qu'ils savent lire et écrire. Les étrangers qui obtiennent l'autorisation du chef de l'administration municipale sont admis à prendre part à tous les concours et peuvent prétendre à toutes les récompenses, excepté aux bourses.

Les élèves de l'école se divisent en deux catégories, les aspirants et les titulaires; nul, parmi les aspirants, ne peut devenir titulaire sans avoir subi les épreuves réglementaires du premier, du deuxième et du troisième degré.

L'enseignement du premier degré a pour objet le dessin linéaire, le dessin d'ornement et le dessin d'imitation, comprenant : 1° la représentation des figures simples; 2° les éléments de l'ornementation; 3° l'imitation des parties de la figure humaine. L'examen a lieu en février.

L'enseignement du deuxième degré a pour objet : 1° l'étude de la géométrie et de la perspective, comprenant le dessin des solides géométriques et des objets dans l'espace; 2° l'étude élémentaire de la structure de l'homme et des proportions du corps humain; 3° l'étude dessinée et modelée de la figure humaine, d'après les dessins et d'après la bosse. L'examen a lieu en mai.

L'enseignement du troisième degré a pour objet les matières spéciales exigées pour l'admission dans la classe à laquelle se destine l'aspirant. L'examen a lieu en août.

Pour passer d'un degré à l'autre et pour être nommé élève titulaire, il faut y être reconnu apte par le jury, composé des professeurs, à la suite de concours semestriels. Le concours pour les aspirants doit porter sur tous les travaux faits pendant le trimestre. Ceux qui n'ont pas satisfait à l'un des examens peuvent le subir au trimestre suivant.

Les candidats qui ont fait leurs études préparatoires dans d'autres écoles, et qui en justifient, peuvent obtenir la qualité de titulaire en subissant, dans la même session, les examens du deuxième et du troisième degré.

Des bourses sont instituées au profit des élèves qui, dans chaque section, ont obtenu le plus de points dans toutes les facultés, et qui désirent poursuivre leurs études; elles sont de 200 francs et ne peuvent se partager. Accordées pour trois ans, elles peuvent après ce délai être prolongées d'année en année, sur la décision du conseil d'administration. (*Décret du 2 décembre 1876.*)

École nationale des beaux-arts de Dijon. — L'école nationale des Beaux-Arts de Dijon comprend comme enseignement la peinture, le dessin, la sculpture et l'architecture.

Pour être admis élève de cette école, il faut : 1° justifier de la qualité de Français; 2° posséder les éléments de la grammaire et de l'arithmétique.

ÉCOLE NATIONALE DES ARTS DÉCORATIFS.

Cette école est située à Paris, rue de l'École-de-Médecine, n° 5. Les jeunes gens qui désirent y être admis doivent se présenter au secrétariat pour leur inscription, avec leurs parents, patrons ou répondants, et produire leur acte de naissance. Ils doivent savoir lire et écrire.

Il faut être âgé de dix ans pour suivre les cours du matin, et de quatorze ans pour suivre les cours du soir.

Les classes du matin ont lieu en deux séances : en été, de 8 heures à 10 heures 3/4 et de 11 heures à 1 heure; en hiver, de 8 heures 1/2 à 10 heures 3/4 et de 11 heures à 1 heure. Les classes du soir pour le dessin et la sculpture ont lieu invariablement de 7 heures 1/2 à 9 heures 1/2, et jusqu'à 10 heures 1/2, par exception, les soirs où il y a cours de composition d'ornement et d'anatomie.

Les élèves doivent toujours être porteurs de leur carte d'inscription.

Les étrangers ne sont admis que sur la demande du représentant ou du consul de leur nation, adressée au directeur, qui en réfère au ministre.

L'école est dotée de huit bourses, une de 600 francs, trois de 480 francs et quatre de 360 francs. Pour être candidat à une bourse de l'école, il est nécessaire de suivre simultanément les divers cours de l'enseignement élémentaire ou supérieur de l'école. Les élèves français sont seuls admis au bénéfice des bourses ainsi qu'à l'inscription à l'atelier de l'école.

ÉCOLE NATIONALE DE DESSIN POUR LES JEUNES FILLES.

Cette école, située à Paris, rue de Seine, n° 10, donne un enseignement gratuit. Les élèves y sont admises de douze à vingt-cinq ans. Les cours commencent le 15 octobre et se terminent le 1er août.

Des cours y ont été récemment créés pour diriger les élèves dans la voie des applications décoratives et les aider à acquérir des connaissances multiples, indispensables surtout à celles qui se destinent à la carrière de l'enseignement.

Les élèves qui ont fait leurs études complètes de dessin peuvent, en se présentant aux examens spéciaux de la ville de Paris, obtenir le diplôme nécessaire pour exercer dans les établissements municipaux.

Trois bourses, dont une de 300 francs et deux de 200 francs, sont données aux élèves qui ont remporté le plus de prix dans les études supérieures.

CONSERVATOIRE NATIONAL DE MUSIQUE ET DE DÉCLAMATION.

Le Conservatoire national de musique et de déclamation, situé à Paris, rue du Faubourg-Poissonnière, n° 15, ressortit au ministère de l'instruction publique et des beaux-arts. Il est consacré à l'enseignement gratuit de la musique vocale et instrumentale et de la déclamation dramatique et lyrique.

Cet enseignement se divise en neuf sections : 1° Solfège et théorie musicale; 2° Harmonie, orgue et composition; 3° Chant, déclamation lyrique; 4° Piano, harpe; 5° Instruments à archet; 6° Instruments à vent; 7° Classes d'ensemble; 8° Lecture à haute voix, diction et déclamation dramatique; 9° Histoire générale de la musique, histoire et littérature dramatiques.

Le Conservatoire est placé sous l'autorité d'un directeur, qui règle tous les travaux et préside tous les comités, dans lesquels sa voix est prépondérante. Ce directeur est nommé par décret du président de la République, sur la proposition du ministre.

Le corps enseignant se compose de professeurs titulaires, de professeurs agrégés, d'accompagnateurs chargés de l'étude des rôles, de répétiteurs. Les professeurs et les accompagnateurs sont nommés par le ministre, sur la présentation du directeur du Conservatoire et sur la proposition du directeur général des beaux-arts. Les répétiteurs sont nommés par le directeur du Conservatoire pour une période de trois ans, qui, sur leur demande, peut être renouvelée, sans que cette prolongation leur donne aucun droit au titre de professeur.

Il est institué près du Conservatoire national de musique et de déclamation deux conseils d'enseignement, l'un pour les études musicales, l'autre pour les études dramatiques. Ils sont présidés par le ministre ou par le directeur général des beaux-arts, et, en leur absence, par le directeur du Conservatoire.

Le conseil d'enseignement pour les études musicales est ainsi composé : le directeur général des beaux-arts, le directeur du Conservatoire, le sous-directeur des beaux-arts, les membres de la section de musique de l'Institut; les professeurs de composition au Conservatoire; le chef du secrétariat du Conservatoire.

Le conseil d'enseignement pour les études dramatiques est ainsi composé : le directeur général des beaux-arts, le directeur du Conservatoire, le sous-directeur des beaux-arts, trois auteurs dramatiques, membres de l'Académie française, désignés par le ministre, le doyen des professeurs de déclamation dramatique au Conservatoire; le chef du secrétariat du Conservatoire.

Ces deux conseils peuvent être appelés à donner, séparément ou réunis en conseil supérieur, leur avis sur les questions et les mesures d'intérêt général relatives à l'enseignement du Conservatoire.

Il y a pour chaque section de l'enseignement un jury d'admission, com-

8.

posé des membres du conseil d'enseignement et des professeurs titulaires spéciaux.

Il y a également un comité d'examen des classes pour chaque section de l'enseignement.

Chaque comité d'examen se compose, pour les études musicales : des membres du conseil d'enseignement, de six membres choisis parmi les professeurs titulaires du Conservatoire et parmi les artistes étrangers à l'école. Les professeurs du Conservatoire ne peuvent faire partie du comité appelé à examiner les élèves de leur classe ou les élèves des classes du même enseignement.

Pour la déclamation dramatique, le jury d'admission et le comité d'examen sont exceptionnellement composés de la manière suivante : les membres du conseil d'enseignement, l'administrateur général du Théâtre Français, les professeurs titulaires, quatre membres étrangers au Conservatoire.

Le jury de chaque concours se compose du directeur du Conservatoire, président, et de huit ou dix autres membres pris, pour la moitié au moins, parmi les personnes étrangères au Conservatoire.

Il y a pour toutes les classes des examens semestriels, des exercices publics et des concours annuels.

L'année scolaire, au Conservatoire national de musique et de déclamation, commence le premier lundi d'octobre et finit immédiatement après les concours publics.

Toutes les classes sont faites dans l'intérieur du Conservatoire. Les jours et heures de classe de chaque professeur sont déterminés par le directeur.

On n'est admis *élève* au Conservatoire que par voie d'examen et de concours. Les examens et concours d'admission ont lieu du 15 octobre au 15 novembre.

Les aspirants doivent se faire inscrire au secrétariat du Conservatoire, en déposant un extrait de leur acte de naissance et un certificat de vaccination.

Le directeur du Conservatoire peut faire venir un aspirant des départements : celui-ci reçoit, en ce cas, une indemnité de frais de voyage et de séjour à Paris; et s'il n'est pas admis, la même indemnité de frais de voyage lui est accordée.

Aucun aspirant ne peut être admis s'il a moins de neuf ans ou plus de vingt-deux ans. Au delà de cette limite, l'admission n'a lieu que dans le cas où l'aspirant est jugé assez avancé pour terminer ses études en deux ans ou doué de dispositions exceptionnelles.

Les élèves ne sont d'abord admis que provisoirement. Leur admission définitive n'est prononcée qu'après l'examen semestriel qui suit celui de leur admission provisoire.

Les classes du Conservatoire sont ainsi divisées :

SOLFÈGE : { 4 classes pour les chanteurs [1] (2 pour les élèves hommes, 2 pour les élèves femmes).
8 classes pour les instrumentistes (3 pour les élèves hommes, 5 pour les élèves femmes).

HARMONIE ÉCRITE { 6 classes (4 pour les élèves hommes, 2 pour les élèves femmes).

ACCOMPAGNEMENT AU PIANO [2] : 1 classe.

ORGUE ET IMPROVISATION : 1 classe.

COMPOSITION [3] : 3 classes.

VOCALISATION ET CHANT : 8 classes.

DÉCLAMATION LYRIQUE [4] : 3 classes { 1 pour l'opéra,
2 pour l'opéra-comique.

PIANO : { 5 classes (2 pour les élèves hommes, 3 pour les élèves femmes).
5 classes préparatoires [5] (2 pour les élèves hommes, 3 pour les élèves femmes).

ÉTUDE DU CLAVIER [6] : { 2 classes (1 pour les élèves hommes, 1 pour les élèves femmes).

HARPE : 1 classe.

INSTRUMENTS A ARCHET : { 4 classes de violon ; 2 classes préparatoires [7].
2 classes de violoncelle.
1 classe de contre-basse.

1. Ces classes, obligatoires pour les élèves titulaires des classes de chant, leur sont exclusivement réservées. — Le directeur peut confier à des répétiteurs les classes supplémentaires de solfége dont la création est reconnue nécessaire.

2. Cet enseignement comprend l'accompagnement de la basse chiffrée, du chant donné, de la grande partition, et la transposition à première vue. On ne peut être reçu dans la classe d'accompagnement qu'après avoir été admis à concourir pour l'harmonie écrite.

3. Cet enseignement comprend le contre-point et la fugue, la composition et l'instrumentation.

4. Les élèves de ces classes suivent obligatoirement une classe de maintien et une classe de diction. — Il est attaché à chaque classe de déclamation lyrique un accompagnateur chargé de l'étude des rôles.

5. On ne peut être admis dans les classes préparatoires de piano après l'âge de quinze ans.

6. Ces classes sont destinées exclusivement aux élèves du chant.

7. On ne peut être admis dans les classes préparatoires de violon au delà de seize ans.

INSTRUMENTS A VENT :
$\left\{\begin{array}{l}\text{1 classe de flûte,} \\ \text{id. de haut-bois,} \\ \text{id. de clarinette,} \\ \text{id. de basson,} \\ \text{id. de cor,} \\ \text{id. de cornet à pistons,} \\ \text{id. de trompette,} \\ \text{id. de trombone.}\end{array}\right.$

ENSEMBLE VOCAL : 1 classe [1].

ENSEMBLE INSTRUMENTAL : 1 classe [2].

ORCHESTRE : 1 classe [3].

DÉCLAMATION DRAMATIQUE [4] : 5 classes.

MAINTIEN [5] : $\left\{\begin{array}{l}\text{2 classes (1 pour les élèves hommes, 1 pour les élèves} \\ \text{femmes).}\end{array}\right.$

ESCRIME : 1 classe.

HISTOIRE DE LA MUSIQUE : Cours ayant lieu 1 fois par semaine [6].

HISTOIRE ET LITTÉRATURE DRAMATIQUES : $\left\{\begin{array}{l}\text{Cours ayant lieu une fois} \\ \text{par semaine [7].}\end{array}\right.$

Le directeur répartit dans les diverses classes les élèves admis par les jurys. Il peut faire passer un élève d'une classe dans une autre lorsqu'il juge ce changement utile à ses progrès. Il peut admettre, sans le concours des jurys, les aspirants aux classes de solfège, d'étude du clavier, d'harmonie et de composition. Après chaque examen semestriel, il place dans les classes d'opéra et d'opéra-comique les élèves de chant dont les études ont été jugées assez avancées pour qu'ils puissent suivre les classes de déclamation lyrique.

Le directeur peut admettre dans toutes les classes, mais seulement pour la durée de l'année scolaire, des auditeurs choisis parmi les aspirants qui montrent le plus de dispositions.

Nul ne peut être admis dans une classe de solfège au delà de l'âge de treize ans. Il n'est dérogé à cette règle qu'en faveur des élèves suivant déjà une classe de chant ou d'instrument.

1. Obligatoire pour tous les élèves des classes de chant.
2. Obligatoire pour les lauréats des classes de piano, d'instruments à archet et à vent.
3. Obligatoire pour les élèves des classes d'instruments à archet et à vent.
4. Cet enseignement comprend la lecture à haute voix, la diction et la déclamation. Les élèves de déclamation suivent obligatoirement une classe de maintien.
5. Les classes de maintien et d'escrime sont pour les élèves qui se destinent au théâtre.
6. Il est obligatoire pour les élèves des classes de composition et d'harmonie.
7. Il est obligatoire pour les élèves des classes de déclamation dramatique et de déclamation lyrique.

Aucun élève ne peut faire à la fois partie des classes de solfége et d'harmonie ni des classes d'harmonie et de composition.

Tout élève qui manque la classe deux fois dans le mois, sans excuse légitime, est rayé des contrôles.

Tout élève admis dans une classe de chant ou de déclamation contracte, par le fait même de son entrée au Conservatoire, l'obligation de ne s'engager avec aucun théâtre avant que ses études soient jugées complètes et terminées. Il s'oblige en outre, à la fin de ses études, à donner, pendant deux années, son concours aux théâtres subventionnés, s'il est réclamé par l'un des directeurs.

Les aspirants étrangers peuvent être reçus avec l'autorisation spéciale du ministre. Ils jouissent des mêmes droits et sont soumis aux mêmes services que les élèves nationaux. Toutefois ils ne peuvent être admis à concourir pour les prix que dans leur deuxième année d'études au Conservatoire.

Douze pensions de 1,200 à 1,800 francs chacune sont attribuées, par voie de concours, aux élèves des deux sexes qui suivent les classes de chant et se destinent spécialement aux théâtres lyriques. Dans le cas où elles ne sont pas données en totalité, la somme disponible peut être distribuée dans l'année en encouragements.

Dix pensions de 600 francs chacune sont attribuées, par voie de concours, aux élèves des deux sexes qui suivent les cours de déclamation dramatique.

Ces pensions sont accordées par le ministre, d'après l'avis des comités d'examen et sur la présentation du directeur du Conservatoire et la proposition du directeur général des beaux-arts. Les professeurs, membres des comités, ne peuvent prendre part au vote lorsque leurs élèves sont candidats à une pension.

Les pensions peuvent toujours être retirées, en totalité ou en partie, soit disciplinairement par le directeur du Conservatoire, soit par le comité, à la suite d'un examen.

A chaque examen semestriel, le comité se prononce sur le maintien ou le renvoi des élèves. En outre, à l'examen du mois de juin, le comité désigne les élèves qui seront appelés à prendre part aux concours et ceux dont les études doivent être considérées comme terminées.

Les concours ont lieu dans le mois de juillet. Les sujets de concours sont déterminés, chaque année, par les comités d'examen, sur la proposition du directeur.

Les élèves du même sexe et de la même spécialité, quel que soit le nombre des classes ou celui des concurrents, concourent ensemble. Les élèves des deux sexes sont réunis seulement dans les concours de déclamation lyrique et de déclamation dramatique; mais il y a des récompenses distinctes pour les élèves hommes et pour les élèves femmes.

Les élèves des classes préparatoires de piano et de violon ne sont pas admis à concourir au delà de l'âge de dix-huit ans.

Ne peuvent être admis à concourir les élèves qui ont moins de six mois d'études, ou ceux qui, ayant débuté sur les théâtres, sont néanmoins conservés dans les classes pour s'y perfectionner.

Tout élève qui, après trois années d'études, n'a pas été admis à concourir est rayé des contrôles. Cessent également de faire partie du Conservatoire les élèves qui, ayant concouru trois fois, n'ont pas remporté de prix ni d'accessit, et ceux qui, après avoir obtenu une nomination, ont concouru deux fois sans succès.

Les concours de fugue et d'harmonie se font en loge. Les élèves de composition concourent à l'institut pour les grands prix de Rome.

Les récompenses se divisent en : *premier prix, second prix, premier accessit, deuxième accessit.*

Pour le solfège et les classes préparatoires de piano et de violon, il est décerné des *premières*, des *deuxièmes* et des *troisièmes médailles.*

Dans les jurys de concours, la présence de sept membres au moins est nécessaire pour que les délibérations soient valables.

Les membres du jury doivent se récuser dans les concours où figurent des élèves auxquels ils ont donné des leçons dans l'année. Tout prix ou accessit obtenu en violation de cette disposition est annulé.

La distribution des prix a lieu immédiatement après les concours. Chaque lauréat reçoit un diplôme. Des médailles en argent sont remises aux premiers et aux seconds prix.

L'élève qui a remporté le premier prix peut rester dans sa classe encore une année.

Il y a tous les ans des exercices publics. Quatre de ces exercices sont consacrés à la déclamation dramatique. Les élèves désignés par le directeur pour prendre part à un exercice ne peuvent s'en dispenser, sous peine de radiation.

(*Décret du 9 septembre 1878; Arrêté du 11 septembre 1878.*)

ÉCOLES DE MUSIQUE SUCCURSALES DU CONSERVATOIRE.

Le Conservatoire national de musique et de déclamation a des succursales à Dijon, Lille, Lyon, Nantes et Toulouse.

Les aspirants ou aspirantes, qui ont fait choix d'une de ces succursales pour leurs études musicales, doivent s'adresser au directeur pour connaître les conditions et formalités à remplir, qui varient suivant les localités.

MINISTÈRE DES POSTES ET TÉLÉGRAPHES.

ÉCOLE SUPÉRIEURE DE TÉLÉGRAPHIE.

L'école supérieure de télégraphie, sise à Paris, rue de Grenelle-Saint-Germain, n° 103, ressortit au ministère des postes et télégraphes ; elle est destinée spécialement à former les fonctionnaires du service technique des postes et des télégraphes.

Indépendamment des élèves de l'école polytechnique classés d'après leur rang de sortie dans les télégraphes, l'école reçoit d'autres élèves qui y sont admis par voie de concours, et des auditeurs libres français ou étrangers dûment autorisés à suivre les cours et conférences.

Sont admis au concours pour l'entrée à l'école supérieure de télégraphie : les agents des postes et des télégraphes comptant deux ans de services ; les licenciés ès sciences ; les anciens élèves de l'école polytechnique ; les anciens élèves de l'École normale supérieure ; les anciens élèves de l'école des mines ; les anciens élèves de l'école des ponts et chaussées ; les anciens élèves de l'école forestière ; les anciens élèves de l'école centrale des arts et manufactures ayant satisfait aux examens de sortie.

Les candidats doivent être Français ou naturalisés Français et être âgés de vingt ans au moins et trente ans au plus.

La demande d'admission au concours doit être adressée au ministre avant le 1er septembre et être accompagnée (sauf pour les fonctionnaires de l'administration) : 1° d'un extrait régulier de l'acte de naissance du candidat, et, au besoin, de son acte de naturalisation ; 2° d'un certificat de bonnes vie et mœurs délivré par les autorités du lieu de son domicile, et dûment légalisé ; 3° d'une déclaration dûment légalisée d'un docteur en médecine constatant que le candidat est vacciné ou qu'il a eu la petite vérole.

Les candidats subissent les examens à Paris, le 21 octobre, devant un jury désigné à cet effet.

Les épreuves consistent en : 1° une composition française qui constitue une épreuve éliminatoire ; 2° une composition écrite sur la physique et la chimie ; 3° un dessin graphique ; 4° des examens oraux, qui portent sur les mathématiques, le calcul différentiel et intégral, la mécanique, la physique, la chimie, le dessin graphique, une langue vivante (l'anglais ou l'allemand), conformément aux programmes arrêtés par le ministre.

Le jury détermine l'ordre de mérite des candidats et en dresse la liste, sur laquelle il est statué.

Les élèves qui après les deux années de séjour à l'école satisfont aux examens de sortie obtiennent le grade de sous-ingénieur des télégraphes.

Pour permettre aux fonctionnaires des postes et des télégraphes d'acquérir ou de compléter les connaissances exigées pour l'entrée à l'école, des cours préparatoires, qu'ils sont seuls admis à suivre, après deux ans de services au moins, sont institués près l'école de télégraphie.

Les connaissances exigées pour l'admission aux cours préparatoires sont les suivantes : 1º une écriture courante et lisible, une orthographe correcte ; 2º la géographie ; 3º les connaissances en mathématiques, physique et chimie comprises dans le programme de la classe de mathématiques spéciales des lycées ; 4º le dessin graphique.

Tout candidat doit avoir ou vingt ans au moins, trente ans au plus, au 1er janvier de l'année du concours, et adresser sa demande au ministre avant le 1er septembre.

Les candidats subissent dans leur région, avant le 1er octobre, un examen préalable de capacité et d'admissibilité au concours. L'examen définitif a lieu le 15 octobre, à Paris, devant un jury désigné par le ministre.

Le jury détermine l'ordre de mérite des candidats et en adresse la liste au ministre, qui statue sur l'admission.

MINISTÈRE DE LA GUERRE.

ÉCOLE POLYTECHNIQUE.

Cette école, qui est située à Paris, et qui ressortit au ministère de la guerre, est destinée à recruter les services suivants : l'artillerie de terre et l'artillerie de mer, le génie militaire et le génie maritime, la marine, le corps des ingénieurs hydrographes, le commissariat de la marine, les ponts et chaussées et les mines, les manufactures de l'État, le corps des ingénieurs des poudres et salpêtres, les lignes télégraphiques ; elle prépare, en outre, à toutes les carrières qui exigent des connaissances étendues dans les sciences mathématiques, physiques et chimiques. Les élèves ne peuvent être admis dans ces services publics qu'après avoir satisfait aux examens de sortie à la fin de deux années d'études dans la limite des places disponibles.

L'admission à cette école a lieu chaque année à la suite de concours publics.

Pour être admis à concourir, les candidats doivent justifier : 1º qu'ils sont Français ou naturalisés ; 2º qu'ils sont âgés de seize ans au moins et de vingt ans au plus au 1er janvier de l'année du concours [1]. Les militaires des corps de l'armée sont admis exceptionnellement à concourir,

1. En raison des besoins des divers services publics qui recrutent leur personnel à l'école polytechnique, la limite d'âge, dans le concours de 1879, est prorogée d'un an pour les candidats qui ont atteint cette limite en 1878 ; mais les candidats qui profiteront du bénéfice de cette prorogation ne pourront être classés à leur sortie de l'école que dans les services militaires.

s'ils n'ont pas dépassé l'âge de vingt-cinq ans au 1er juillet de l'année du concours, en justifiant qu'ils auront accompli deux ans de service réel et effectif sous les drapeaux au 31 décembre de la même année; mais ils ne peuvent être classés à leur sortie que dans les services militaires.

Les candidats civils doivent se faire inscrire avant le 1er mai, terme de rigueur, à la préfecture du département où ils étudient; et les candidats militaires, à la préfecture du département dans lequel ils sont en garnison.

Les candidats non militaires ont la faculté de se faire examiner, soit dans la circonscription d'examen où le domicile de leur famille est établi, soit dans celle où ils ont achevé leur instruction. Les candidats militaires subissent les épreuves dans le centre d'examen assigné au département où le corps dont ils font partie est en garnison.

Les pièces à produire pour l'inscription sont : 1° l'acte de naissance du candidat et celui de son père, revêtus des formalités prescrites par la loi; 2° une pièce attestant la possession du diplôme de bachelier ès sciences (p. 26) ou du diplôme de bachelier ès lettres (ancien) ou du certificat relatif à la première partie du baccalauréat ès lettres nouveau (p. 23) [1]; 3° une déclaration dûment légalisée d'un docteur en médecine, attaché à un hospice civil ou à un hôpital militaire, constatant que le candidat a eu la petite vérole ou qu'il a été vacciné; 4° un certificat du commandant du bureau de recrutement, constatant que le candidat est exempt de toute infirmité qui le rendrait impropre au service militaire, et que sa constitution permet d'estimer qu'à sa sortie de l'école il aura l'aptitude requise pour le service en temps de guerre; ou, à défaut de ce certificat, une demande de dispense spéciale, faite par le candidat lui-même et visée par le commandant du recrutement, qui devra indiquer le motif du refus d'un certificat d'aptitude au service militaire; 5° une déclaration écrite des centres d'examen et de composition choisis par le candidat ou par sa famille; 6° une déclaration du père, de la mère ou du tuteur, qu'il est en mesure de payer la pension, ou à défaut la remise d'une demande en concession de bourse.

Le concours d'admission comprend trois épreuves successives : les compositions, les examens du premier degré, les examens du second degré.

Il y a deux séries de compositions : celles de la première série ont pour objet, en tenant compte au besoin de celles de la seconde série, d'écarter tout d'abord du concours les candidats dont cette épreuve a constaté l'insuffisance. La première série comprend : une composition de mathématiques, une composition de physique et de chimie, un exercice graphique. La seconde série comprend : un exercice sur le cours de mathématiques spéciales; une épure de géométrie descriptive, une dissertation française, un calcul logarithmique, un lavis, un dessin au crayon.

Les examens oraux du premier degré, auxquels ne prennent part que

---

1. Un avantage de 50 points est attribué aux candidats qui sont en possession du diplôme de bachelier ès lettres (ancien) ou du certificat de la première épreuve du baccalauréat ès lettres (nouveau).

les candidats ayant réussi dans l'épreuve des compositions de la première série, servent à exclure des examens oraux du second degré les candidats qui n'ont pas des chances très sérieuses d'être admis. Les examens oraux du second degré servent, concurremment avec les compositions de la seconde série, à déterminer le classement par ordre de mérite des candidats admis à ces derniers examens.

Les candidats qui, l'année précédente, ont été reconnus aptes à se présenter aux examens oraux du premier degré, sont dispensés des compositions de la première série.

Tout candidat qui a été reconnu admissible aux examens oraux du second degré dans une session d'examen est dispensé des compositions de la première série et des examens oraux du premier degré dans les sessions suivantes.

Les examens portent sur l'arithmétique, la géométrie, l'algèbre, la trigonométrie, la géométrie analytique, la géométrie descriptive, la physique, la chimie, la langue française, la langue allemande, le dessin, conformément aux programmes officiels adoptés par le ministre.

L'époque des jours des examens et des compositions à Paris et dans les départements, qui commencent dans les derniers jours de juin ou les premiers jours de juillet, est annoncée par le ministre dans le *Journal officiel*.

Chaque candidat admis aux examens oraux du second degré remet à l'examinateur de mathématiques élémentaires, au moment de l'examen, les feuilles d'épures, lavis et dessins exécutés par lui pendant l'année scolaire courante, d'après les spécifications portées au programme des connaissances exigées.

Avant d'entrer à l'école, chaque élève est soumis à une visite des médecins de l'établissement, et, s'il y a lieu, à une contre-visite, afin de constater qu'il n'a aucun vice de conformation ni aucune infirmité qui le mettrait hors d'état d'être admis aux cours ou qui le rendrait impropre au service militaire.

La durée des cours d'études est de deux années. L'école est soumise au régime militaire. Le prix de la pension est de 1,000 fr. et celui du trousseau d'environ 700 fr., indépendamment d'une somme de 100 fr. formant le fonds de masse de chaque élève.

Des bourses et demi-bourses, des trousseaux et demi-trousseaux sont accordés par le ministre de la guerre, sur la présentation des conseils d'instruction et d'administration de l'école. Les demandes des familles, adressées au ministre de la guerre, doivent être remises au moment de l'inscription, c'est-à-dire le 1er mai au plus tard, au préfet, chargé de les instruire et de les transmettre, après avoir pris l'avis des conseils municipaux; ce délai peut, dans quelques circonstances exceptionnelles, être prorogé par tolérance jusqu'au 1er août.

Les élèves de cette école sont considérés comme présents sous les drapeaux dans l'armée active pendant tout le temps passé par eux dans ladite école.   (*Arrêté du 22 février* 1879.)

ÉCOLE SPÉCIALE MILITAIRE.

Cette école, qui est située à Saint-Cyr, près de Versailles, et qui ressortit au ministère de la guerre, est destinée à former des officiers pour l'infanterie, la cavalerie, le corps d'état-major, l'infanterie de marine.

L'admission à cette école a lieu chaque année à la suite de concours publics.

Pour être admis à concourir les candidats doivent justifier : 1° qu'ils sont Français ou naturalisés ; 2° qu'ils ont eu dix-sept ans au moins et vingt et un ans au plus au 1er janvier de l'année du concours; néanmoins les militaires âgés de plus de vingt et un ans, et qui auront accompli au 31 décembre de l'année du concours deux années de service réel et effectif, sont admis à concourir, pourvu qu'ils n'aient pas dépassé l'âge de vingt-cinq ans au 1er juillet de cette même année, et qu'ils soient encore sous les drapeaux au moment du commencement des compositions.

Les candidats doivent se faire inscrire avant le 15 avril, s'ils sont civils, à la préfecture du département où ils étudient, et s'ils sont militaires, à la préfecture du département dans lequel ils sont en garnison. Les candidats non militaires ont la faculté de choisir la ville dans laquelle ils veulent subir leurs examens oraux; mais le choix une fois fait, aucun candidat n'est autorisé à changer de centre d'examen sans des motifs graves et une décision du ministre. Les candidats militaires présents au corps subissent les épreuves dans les centres d'examen et de composition assignés au département dans lequel leur corps se trouve en garnison.

Les pièces à produire pour l'inscription sont : 1° l'acte de naissance du candidat et l'acte de naissance du père du candidat, revêtus des formalités prescrites par la loi; 2° une déclaration d'un docteur en médecine ou en chirurgie attaché à un hôpital civil ou militaire, dûment légalisée, et constatant que le candidat a eu la petite vérole ou qu'il a été vacciné ou inoculé; 3° un certificat du commandant de recrutement du département constatant, dans les mêmes conditions que pour l'engagement volontaire, l'aptitude réelle du candidat au service militaire; 4° une déclaration écrite des centres d'examen et de composition choisis par le candidat ou par sa famille; 5° une déclaration du père, de la mère ou du tuteur, reconnaissant que le candidat est en mesure de payer la pension, ou, à défaut de cette déclaration, la remise d'une demande de concession de bourse, sur papier timbré : la demande de bourse doit préciser si la famille sollicite une bourse avec trousseau ou demi-trousseau, ou une demi-bourse avec trousseau ou demi-trousseau, ou seulement la demi-bourse.

Les candidats militaires doivent, en outre, produire un état signalétique et des services, un certificat, signé par les membres du conseil d'administration du corps, constatant leur temps de service, un certificat de bonne conduite et un relevé des punitions.

Les candidats non militaires doivent contracter un engagement de cinq ans avant leur entrée à l'école. S'ils n'ont pas atteint l'âge de dix-huit ans au moment de leur entrée à l'école, ils doivent contracter cet engagement dès qu'ils atteignent cet âge.

Les épreuves du concours sont de deux sortes, les unes pour l'admissibilité, les autres pour l'admission; elles consistent en compositions écrites et en examens oraux.

Nul ne peut être admis aux épreuves écrites, s'il ne justifie qu'il est pourvu du diplôme de bachelier ès sciences (p. 26) ou de bachelier ès lettres (ancien) ou du certificat de la première épreuve du baccalauréat ès lettres (nouveau) (p. 23).

Les compositions écrites se font pendant les premiers jours du mois de juin. Les examens oraux commencent à Paris au mois de juillet, et à la suite dans les départements, aux époques publiées par le ministre dans le *Journal officiel*.

Les épreuves d'admissibilité comprennent les compositions écrites; ce sont : une composition française et une version latine de la force de la classe de mathématiques élémentaires (2e année), un thème allemand, une composition mathématique, comprenant un calcul logarithmique, le tracé d'une épure de géométrie descriptive, une épreuve de dessin d'imitation, comprenant la copie au trait d'une académie et la copie ombrée d'un paysage (genre Calame), un lavis à l'encre de Chine.

Les épreuves pour l'admission se composent, outre les compositions ayant servi à l'établissement de la liste d'admissibilité, d'examens oraux portant sur l'arithmétique, l'algèbre, la géométrie, la géométrie descriptive, la trigonométrie rectiligne, la mécanique, la physique, la chimie, la géographie physique et politique, l'histoire, la langue allemande, d'après des programmes officiels adoptés par le ministre.

Indépendamment de ces épreuves, les candidats en subissent une autre pour la constatation de leur aptitude physique et de leur habileté dans les exercices de l'équitation, de l'escrime et de la gymnastique, qui toutes les trois sont obligatoires.

La durée du cours d'instruction est de deux ans. Le régime de l'école est l'internat, et elle est soumise au régime militaire. Le prix de la pension est de 1,500 fr., et celui du trousseau de 600 à 700 francs.

Des bourses et demi-bourses, trousseaux et demi-trousseaux, sont accordés par le ministre, sur la présentation des conseils d'instruction et d'administration de l'école. Les demandes, adressées au ministre, doivent être remises au moment de l'inscription, c'est-à-dire avant le 15 avril, aux préfets, chargés de les instruire et de les transmettre au ministre, avant le 15 juin, après avoir pris l'avis des conseils municipaux.

(*Arrêté du* 18 *décembre* 1878.)

ÉCOLE DE CAVALERIE.

L'école de cavalerie, qui est située à Saumur et ressortit au ministère de la guerre, a pour but de compléter et de perfectionner l'instruction des lieutenants de cavalerie désignés pour en suivre les cours. Elle est, en outre, chargée : 1° de poursuivre l'instruction des élèves de la section de cavalerie à l'école spéciale militaire; 2° de donner à un certain nombre de sous-officiers aspirant à l'épaulette la somme de connaissances que tout officier de cavalerie doit posséder; 3° de former des instructeurs appelés à reporter dans leurs régiments les méthodes d'instruction reconnues les meilleures; 4° de former un certain nombre de sous-officiers capables et bons instructeurs; 5° d'initier au service régimentaire les aides-vétérinaires stagiaires nouvellement promus.

Dans ce but, cette école reçoit : 1° des officiers d'instruction de cavalerie, d'artillerie et des trains, appelés à l'école pendant un an, à dater du 15 octobre de chaque année; 2° des officiers élèves (sous-lieutenants sortant de Saint-Cyr), appelés à l'école pendant un an, à dater du 1er novembre; 3° des sous-officiers de cavalerie, élèves officiers, appelés pendant dix-huit mois, du 1er mai au 31 octobre de l'année suivante; 4° des sous-officiers élèves instructeurs d'artillerie et des trains, appelés pendant un an, à dater du 15 octobre de chaque année; 5° des cavaliers élèves sous-officiers, appelés pendant dix-huit mois; 6° les aides-vétérinaires stagiaires, pendant un an, à partir du 15 octobre de chaque année.

Les cavaliers élèves sous-officiers sont admis par voie d'engagement volontaire et de concours publics. Ces concours ont lieu à Saumur le 21 avril et le 21 octobre de chaque année.

Les jeunes gens de la classe civile qui désirent s'engager et concourir n'ont aucune demande à formuler; ils doivent se rendre à Saumur à leurs frais. A leur arrivée dans cette ville, ils se présentent au général commandant l'école et l'informent de leur intention de se présenter immédiatement aux examens.

Les examens portent sur la langue française; les notions générales de géographie; les notions générales d'histoire de France, spécialement pendant la période moderne, depuis Louis XIV jusqu'à nos jours ; l'arithmétique élémentaire, y compris les fractions ordinaires et décimales, les proportions et le système métrique; les éléments de géométrie plane.

Les conditions d'admission à ces examens sont les suivantes : 1° être âgé de dix-huit ans au moins et de vingt-quatre ans au plus au 27 avril ou au 27 octobre de l'année courante; avoir au moins la taille exigée pour servir dans la cavalerie légère (un mètre soixante-deux centimètres); toutefois une tolérance de quatre centimètres peut être accordée aux candidats qui justifient de conditions particulières d'aptitude pour l'exercice du cheval; 2° être reconnu apte au service de la cavalerie, sur avis d'un des médecins de l'école, par le conseil d'administration; 3° être muni d'un certificat de bonnes vie et mœurs dûment légalisé et d'un extrait du casier judiciaire du tribunal civil de l'arrondissement dans lequel est né le candidat; 4° présenter le consentement dûment légalisé des père, mère ou tuteur, si le candidat a moins de vingt ans accomplis; 5° avoir effectué entre les mains du receveur particulier de la ville de Saumur, pour le compte du trésor, le versement d'une somme de 300 francs, destinée à couvrir l'État des dépenses d'entretien à l'école et à l'achat de livres d'instruction; 6° contracter un engagement volontaire de cinq ans.

La durée des cours des élèves cavaliers est de dix-huit mois. Les cours commencent le 1er mai et le 1er novembre. Ces élèves subissent des examens semestriels. Ceux qui ont satisfait au premier examen sont nommés brigadiers à l'école, et après les examens du deuxième semestre, le premier tiers reçoit le grade de maréchal des logis, tandis que les deux autres tiers n'obtiennent ce grade qu'à la sortie de l'école. Ceux qui n'ont pas satisfait aux examens peuvent ne sortir de l'école que comme brigadiers et même comme simples cavaliers.

Les candidats au grade de vétérinaire militaire doivent être diplômés des écoles vétérinaires et être admis par voie de concours à l'école comme aides-vétérinaires stagiaires; ils doivent n'avoir pas dépassé l'âge de trente ans à l'époque de l'ouverture du concours et subir un examen théorique et pratique sur l'art vétérinaire.

(*Arrêtés des* 31 *octobre* 1872 *et* 30 *août* 1873; *décision de février* 1878.)

ÉCOLES DE MÉDECINE ET DE PHARMACIE MILITAIRES.

Le service de santé de l'armée se recrute chaque année, au mois de septembre, par un concours qui a lieu d'après un programme arrêté par le ministre de la guerre et qui est rendu public avant le 1er mai.

Sont admis à concourir pour les emplois d'élèves en médecine : 1° les étudiants pourvus des deux diplômes de bachelier ès lettres (p. 23) et de bachelier ès sciences complet (p. 26) ou restreint (p. 27); 2° les étudiants ayant 4, 8 et 12 inscriptions valables pour le doctorat, et ayant subi avec succès les examens correspondant au nombre de leurs inscriptions; 14 inscriptions d'école préparatoire sont acceptées pour 12 inscriptions de faculté.

Sont admis à concourir pour les emplois d'élèves en pharmacie : 1° les étudiants pourvus du diplôme de bachelier ès sciences complet (p. 26); 2° les étudiants ayant 4 ou 8 inscriptions pour le titre de pharmacien de 1re classe et ayant subi avec succès les examens réglementaires; 10 inscriptions d'école préparatoire peuvent suppléer à 8 inscriptions d'école supérieure.

Les autres conditions générales sont les suivantes : 1° être né ou naturalisé Français; 2° avoir eu au 1er janvier de l'année du concours plus de dix-sept ans et moins de vingt et un ans (élèves sans inscriptions), moins de vingt-deux ans (élèves à 4 inscriptions), moins de vingt-trois ans (élèves à 8 inscriptions) et moins de vingt-quatre ans (élèves à 12 inscriptions); 3° avoir été reconnu apte à servir activement dans l'armée, aptitude qui est justifiée par un certificat d'un médecin militaire du grade de major au moins et peut être vérifiée, au besoin, par le jury d'examen; 4° souscrire un engagement d'honneur de servir dans le corps de santé militaire pendant dix ans au moins, à dater de l'admission au grade d'aide-major de deuxième classe.

Les candidats ont à requérir leur inscription à leur choix sur une liste qui est ouverte à cet effet dans les bureaux des intendants militaires en résidence à Paris, Montpellier, Nancy, Lyon, Marseille, Toulouse, Bordeaux, Rennes, Lille, Besançon, Grenoble et Alger. La clôture de cette liste a lieu cinq jours avant l'ouverture du concours dans chaque localité.

Les examens consistent en compositions écrites et en interrogations sur les sciences physiques, naturelles et médicales ou pharmaceutiques, qui varient suivant le nombre d'inscriptions de chaque candidat et sont déterminées par décision ministérielle.

Les épreuves ont lieu devant un jury composé d'un médecin inspecteur du service de santé, président, de deux médecins et de deux pharmaciens militaires.

Les candidats reconnus admissibles reçoivent, dans la proportion déterminée par les besoins du service, une commission d'élève du service de santé militaire; ils sont classés en deux catégories.

Les élèves compris dans la première catégorie, c'est-à-dire ceux qui ont moins de 12 inscriptions en médecine ou de 8 inscriptions en pharmacie, sont dirigés sur celle des douze villes ci-dessus mentionnées qu'ils ont choisie pour y faire leurs études[1]. Attachés à l'hôpital militaire, sous les ordres et la surveillance du médecin en chef, ils concourent à l'exécution du service médical et pharmaceutique; en même temps ils suivent les cours et travaux pratiques de la faculté ou de l'école supérieure de pharmacie, ou de l'école de plein exercice ou préparatoire, et subissent les divers examens aux époques et dans les formes déterminées par les règlements en vigueur.

Ces élèves ne portent pas d'uniforme et ne reçoivent aucune solde. Toutefois ceux d'entre eux qui ont été boursiers au Prytanée militaire peuvent obtenir, sur leur demande, une subvention mensuelle, fixée à 1,200 francs par an pour Paris, 1,000 francs pour Lyon et Marseille, 800 francs pour les autres villes.

Les élèves de la seconde catégorie, c'est-à-dire ceux qui sont en possession de 12 inscriptions pour le doctorat ou de 8 inscriptions pour le titre de pharmacien de 1re classe, sont réunis à Paris et placés sous les ordres du directeur de l'école du Val-de-Grâce. Inscrits à la faculté de médecine ou à l'école supérieure de pharmacie, ils suivent les cours spéciaux en rapport avec le degré de leur scolarité. A l'intérieur du Val-de-Grâce, ils reçoivent l'enseignement pratique et complémentaire des matières sur lesquelles portent les examens du doctorat et ceux de pharmacien de 1re classe. Pendant la première année du séjour au Val-de-Grâce, les élèves en médecine doivent satisfaire aux deux premiers exa-

---

1. Toutefois, aucun pharmacien militaire n'étant attaché aux hôpitaux de Grenoble, de Besançon et de Montpellier, les élèves pharmaciens ne peuvent être placés dans ces trois localités.

mens de doctorat, qui sont subis entre la 12° et la 16° inscription. Après la 16° inscription en médecine et la 12° inscription en pharmacie, les élèves en médecine ont à subir les trois derniers examens de doctorat et la thèse, et les élèves en pharmacie ont à satisfaire aux trois examens probatoires. Toutes ces épreuves doivent être terminées avant le 1er mai, époque où commence le stage proprement dit, qui finit au mois de septembre[1].

Les élèves de cette catégorie portent l'uniforme et reçoivent la solde attribuée à l'ancien grade de sous-aide (2,502 francs par an). Dès qu'ils ont obtenu le titre de docteur ou celui de pharmacien de 1re classe, la solde spéciale de l'emploi de stagiaire leur est acquise.

A dater de l'admission à l'emploi d'élève du service de santé, les frais d'inscriptions, d'exercices pratiques, d'examens et de diplôme sont payés par l'administration de la guerre. Toutefois, en cas d'ajournement à un examen, les frais de consignation pour la répétition de cet examen sont à la charge de l'élève. Un second échec au même examen de fin d'année, semestriel ou de fin d'études, entraîne d'office le licenciement de l'élève et sa radiation immédiate des contrôles.

(Décisions des 5 octobre 1872 et 23 avril 1878.)

MINISTÈRE DE LA MARINE.

ÉCOLE NAVALE.

Cette école, qui est située en rade de Brest, et qui ressortit au ministère de la marine et des colonies, a pour but d'élever les jeunes gens qui se destinent au corps des officiers de la marine de l'État.

Les candidats sont admis à cette école à la suite de concours publics qui ont lieu chaque année.

Pour être admis à concourir, ils doivent produire les pièces suivantes : 1° leur acte de naissance, dûment légalisé, constatant qu'ils ont eu quatorze ans au moins et dix-sept ans au plus, au 1er janvier de l'année du concours ; 2° un certificat du maire de la localité constatant qu'ils sont nés Français ou qu'ils ont été naturalisés ; 3° un certificat de médecin constatant qu'ils ont été vaccinés ou qu'ils ont eu la petite vérole ; 4° une déclaration par écrit des centres d'examen et de composition choisis par eux ou par leur famille ; 5° un acte sur papier timbré par lequel leurs parents, lors même qu'ils font une demande de bourse, s'engagent envers le trésor

---

1. Ces prescriptions subiront ultérieurement quelques changements, par suite des modifications apportées aux conditions d'obtention des diplômes de docteur en médecine et de pharmacien de 1re classe par les décrets des 20 juin et 12 juillet 1878, qui commenceront à recevoir leur application en novembre 1879.

public à payer, par trimestre et d'avance, une pension annuelle de 700 francs ; 6° un second acte sur papier timbré, portant engagement de fournir le trousseau, les livres et objets nécessaires aux études et dont le prix est d'environ 1000 francs.

Les candidats sont soumis à deux visites des médecins pour constater qu'ils n'ont aucune infirmité qui les rende impropres au service de la marine : la première avant les examens oraux, auxquels ils ne peuvent se présenter que munis d'un certificat délivré par une commission médicale spéciale ; la seconde, à leur arrivée à Brest. Les candidats doivent pouvoir lire couramment à une distance de deux mètres des lettres capitales d'une dimension prescrite.

L'inscription des candidats se fait du 1er au 25 avril à la préfecture du département où est établi le domicile de leur famille.

Les compositions écrites comprennent : une composition française, une version latine, un thème anglais, une question d'arithmétique et de géométrie avec calcul et raisonnement, une composition d'algèbre et un calcul numérique de trigonométrie rectiligne, un tracé graphique et le dessin d'une tête d'après un modèle.

Les examens oraux portent sur la langue française, la langue latine, la langue grecque, l'histoire, la géographie, la langue anglaise, l'arithmétique, l'algèbre, la géométrie, la trigonométrie rectiligne, la géométrie descriptive, d'après les programmes désignés par le ministre de la marine et extraits des programmes officiels des lycées.

Toutes les matières du programme sont également obligatoires. Il est tenu compte de l'écriture et de l'orthographe dans l'appréciation du mérite des diverses compositions écrites. Un avantage de 30 points est accordé aux candidats qui produisent le diplôme de bachelier ès lettres, première partie (p. 23).

Les compositions se font simultanément à Paris et dans les principales villes des départements les 11, 12 et 13 juin. L'ouverture des examens oraux a lieu à Paris le 7 juillet, et successivement dans les villes désignées à des époques fixées par un avis publié au *Journal officiel*.

La durée des études est de deux années. L'année scolaire commence le 1er octobre. Le régime de l'école est l'internat. Le prix de la pension annuelle est de 700 francs, payable par trimestre et d'avance, et celui du trousseau et des livres évalué à 1,000 francs.

Des bourses ou demi-bourses, trousseaux ou demi-trousseaux sont accordés par le ministre, sur la proposition du conseil d'instruction de l'école. Les demandes doivent être remises avant le 1er août de l'année de l'inscription au préfet du département où réside la famille du candidat, et être accompagnées des renseignements prescrits sur les moyens d'existence et les charges des parents.

Les élèves qui passent d'une manière satisfaisante les examens de seconde année sont nommés aspirants de marine de deuxième classe.

(*Arrêtés des 25 octobre* 1876 *et 25 septembre* 1878.)

9.

ÉCOLE DU GÉNIE MARITIME.

L'école du génie maritime, qui ressortit au ministère de la marine et des colonies, est installée à Cherbourg.

Les élèves du génie maritime sont choisis parmi les jeunes gens qui ont fait au moins deux années d'études à l'école polytechnique. Le nombre en est déterminé chaque année par le ministre d'après les besoins du service.

Des élèves externes sont admis à suivre les cours de l'école après avoir subi un examen d'admission en rapport avec les matières d'enseignement de l'école.

Les élèves externes de l'école sont admis à contracter l'engagement conditionnel d'un an pour le service militaire.

ÉCOLES D'HYDROGRAPHIE.

Ces écoles, qui ressortissent au ministère de la marine et des colonies, ont pour but de donner aux marins les connaissances scientifiques nécessaires pour l'obtention des brevets de capitaine au long cours et de maître au cabotage. Des écoles d'hydrographie existent dans les principales villes maritimes.

Pour être admis à suivre les cours d'une école d'hydrographie, il faut être âgé de treize ans au moins, savoir lire et écrire, connaître les quatre premières règles de l'arithmétique, produire un certificat constatant qu'on a eu la petite vérole ou qu'on a été vacciné, enfin être porté sur les registres de l'inscription maritime.

L'ouverture des cours se fait deux mois après la clôture des examens, qui ont lieu à des époques différentes dans chaque école, du mois de mars au mois de juillet.

La durée des cours est d'une année; mais les marins peuvent les suivre pendant plusieurs années. L'enseignement est gratuit. Le régime de ces écoles est l'externat.

Il y a deux sortes d'examens pour les brevets de capitaine au long cours et de maître au cabotage : un examen pratique et un examen de théorie. Les candidats qui échouent à l'examen pratique ne sont pas admis à l'examen de théorie.

Pour être admis à subir les examens, il faut être âgé de vingt-quatre ans accomplis avant le 1er juillet de l'année de l'examen, être Français ou admis à domicile en France, et justifier de soixante mois de navigation effective sur des bâtiments français.

Pour être admis à l'examen pratique, les candidats doivent produire : 1° leur acte de naissance ou la justification de leur naturalisation ou de leur admission à domicile en France; 2° l'état de leurs services; 3° une attestation de bonne conduite, délivrée par le maire du lieu de leur domi-

cile et visée par le commissaire de l'inscription maritime; 4° les certificats des capitaines des bâtiments à bord desquels ils ont navigué, avec
visa des commissaires de l'inscription maritime.

L'examen pratique pour le brevet de capitaine au long cours porte sur
le gréement, la manœuvre des bâtiments à voiles et à vapeur et des
embarcations, le canonnage. L'examen théorique se compose d'épreuves
écrites et d'épreuves orales. Les épreuves écrites comprennent deux
séries de calculs conformes aux types adoptés, une série de questions portant sur les connaissances exigées, et une composition française. Les candidats qui font preuve d'une incapacité trop évidente dans leur composition française ne sont pas admis aux autres épreuves. Les épreuves orales
comprennent : les éléments d'arithmétique et les notions élémentaires
d'algèbre jusqu'aux équations du premier degré inclusivement, la géométrie élémentaire, la trigonométrie rectiligne et la trigonométrie sphérique,
des notions élémentaires d'astronomie, la navigation et l'usage des instruments nautiques, des notions élémentaires sur les machines à vapeur et
leur application à la navigation.

L'examen pratique pour le brevet de maître au cabotage porte sur le
gréement, la manœuvre des bâtiments à voiles et à vapeur et des embarcations et leurs avaries, les sondes, la connaissance des fonds, le gisement
des terres et écueils, les courants et les marées dans les limites assignées
au cabotage et plus particulièrement en ce qui concerne les côtes de
France. L'examen théorique se compose d'épreuves écrites et d'épreuves
orales. Les épreuves écrites comprennent deux séries de calculs conformes aux types adoptés, et une réponse écrite à l'une des questions de
l'examen. Les épreuves orales portent sur les éléments de l'arithmétique
pratique, des notions élémentaires de géométrie, des éléments de navigation pratique, des notions élémentaires sur les machines à vapeur et leur
application à la navigation.

(*Décret du* 26 *janvier* 1857; *arrêtés des* 30 *janvier* 1857 *et* 12 *octobre* 1867.)

ÉCOLES DE MÉDECINE ET DE PHARMACIE NAVALES.

Le service de santé de la marine se recrute au moyen de concours
publics, qui ont lieu à des époques indéterminées, suivant les besoins du
service.

Trois écoles de médecine et de pharmacie navales, établies à Brest,
Toulon et Rochefort, auprès des hôpitaux de la marine, et ressortissant
au ministère de la marine et des colonies, facilitent aux candidats leur
préparation aux concours d'admission dans le service de santé.

Le régime de ces écoles est l'externat. L'enseignement est gratuit.
L'année scolaire commence le 3 novembre et finit le 31 août. Des bibliothèques, des laboratoires, des jardins botaniques, des amphithéâtres
d'anatomie, sont à la disposition des élèves, qui doivent verser au trésorier
de la bibliothèque une somme de 50 francs, destinée à l'achat des livres.

Un concours et des examens ont lieu chaque année, au mois de septembre, pour le recrutement de ces écoles.

Pour être admis comme élève dans ces écoles, il faut avoir au moins dix-huit ans révolus et au plus vingt-trois ans, justifier de la qualité de Français, être exempt de toute infirmité susceptible de rendre impropre au service de la mer, produire les diplômes de bachelier ès lettres (p. 23) et de bachelier ès sciences complet (p. 26) ou restreint (p. 27), suivant que le candidat se destine à la médecine ou à la pharmacie. Les candidats qui n'ont pas d'études antérieures dans une faculté ou une école de médecine doivent compter au plus vingt et un ans d'âge dans le cours de l'année de leur inscription.

Les étudiants forment deux divisions et passent de la seconde à la première après avoir satisfait à un examen de fin d'année.

Pour être admis à concourir pour le grade d'aide-médecin, il faut : 1° être né ou naturalisé Français ; 2° être âgé de dix-huit ans au moins ou de vingt-trois ans au plus, accomplis au 31 décembre de l'année du concours ; 3° être reconnu propre au service de la marine, après constatation faite par le conseil de santé du port du concours ; 4° justifier de deux années d'études dans une école de médecine navale, dans une faculté ou dans une école de médecine et de pharmacie ; 5° être pourvu des titres universitaires exigés dans les facultés des candidats qui se présentent aux examens du doctorat en médecine ; 6° justifier, s'il y a lieu, qu'on a satisfait à la loi du recrutement.

Le concours porte sur les matières médicales ; il comprend des compositions, des interrogations et des examens pratiques, d'après des programmes fixés par l'administration de la marine.

Pour être admis à concourir pour le grade d'aide-pharmacien, il faut être pourvu des titres universitaires exigés dans les écoles supérieures de pharmacie des candidats qui se présentent aux examens de pharmacien de première classe, et réunir toutes les autres conditions requises des candidats au grade d'aide-médecin.

Le concours porte sur les matières médicales et pharmaceutiques ; il comprend des compositions, des interrogations et des examens pratiques, d'après des programmes fixés par l'administration de la marine.

Il est établi au secrétariat du conseil de santé des ports de Brest, de Rochefort et de Toulon, un registre pour l'inscription des candidats. Ce registre est clos vingt-quatre heures avant l'ouverture des cours.

(*Décrets des 14 juillet 1865, 10 avril 1869 et 31 mai 1875 ; arrêté du 10 avril 1866 ; Journal officiel du 3 juillet 1878.*)

MINISTÈRE DES TRAVAUX PUBLICS.

ÉCOLE DES MINES.

Cette école, qui est située à Paris, boulevard Saint-Michel, n° 60, et qui ressortit au ministère des travaux publics, a pour but de former des ingénieurs pour les services de l'État; elle se recrute parmi les élèves de l'école polytechnique. Il peut aussi y être admis, par voie de concours, des élèves externes, qui sont formés à devenir des directeurs d'exploitations et d'usines métallurgiques.

Le cours des études est de trois années. L'instruction est gratuite. Les cours commencent au mois de novembre.

Les candidats aux places d'élèves externes doivent être Français ou naturalisés Français, âgés de dix-sept ans au moins ou de vingt-six ans au plus au 1er janvier de l'année dans laquelle ils se présentent au concours. La demande d'admission au concours doit être adressée au ministre des travaux publics avant le 1er septembre, accompagnée : 1° de l'acte de naissance et au besoin de l'acte de naturalisation du candidat; 2° d'un certificat de bonnes vie et mœurs, délivré par les autorités du lieu du domicile et dûment légalisé; 3° d'un certificat de docteur-médecin constatant que le candidat a été vacciné ou a eu la petite vérole.

Les connaissances exigées pour l'admission embrassent l'arithmétique, l'algèbre, la géométrie, l'analyse infinitésimale, la mécanique, la trigonométrie rectiligne et sphérique, la géométrie analytique, la géométrie descriptive et ses applications, la physique, la chimie, la géographie, la cosmographie, le dessin géométrique et le lavis, le dessin d'imitation, d'après les programmes adoptés par le ministre. Chaque candidat doit en outre déposer au secrétariat de l'école, avant l'ouverture des examens, diverses épures et un lavis.

Un examen préalable de capacité a lieu, avant le 1er octobre, dans les départements, devant les ingénieurs des mines désignés à cet effet par le ministre.

Les élèves de l'école polytechnique déclarés admissibles dans les services publics et porteurs d'un certificat de capacité, les licenciés ès sciences mathématiques et les élèves des cours préparatoires de l'école qui ont fait preuve de capacité dans les examens de fin d'année sont dispensés de ce premier examen.

L'examen définitif est subi à Paris, devant le conseil de l'école, dans le courant du mois d'octobre, au jour fixé chaque année par le ministre.

Après l'examen de la troisième année, les élèves externes qui ont justifié de connaissances suffisantes reçoivent un diplôme de capacité.

Les élèves externes de cette école sont admis à contracter l'engagement conditionnel d'un an pour le service militaire.

Des aspirants aux places d'externes à l'école peuvent être admis, par voie de concours, à suivre des cours préparatoires qui y sont institués et qui durent une année. Les candidats doivent être Français ou naturalisés Français, être âgés de seize ans au moins et de vingt-cinq ans au plus, avant le 1er janvier de l'année dans laquelle ils se présentent, et produire leur acte de naissance, un certificat de bonnes vie et mœurs et un certificat de vaccination. Ils doivent faire preuve d'une écriture courante et lisible et d'une orthographe correcte, et subir un examen sur l'arithmétique, l'algèbre, la géométrie, la trigonométrie rectiligne, la géométrie analytique, la géométrie descriptive, la physique, la chimie des métalloïdes et le dessin d'imitation, d'après les programmes adoptés par le ministre. Ils sont d'abord soumis à un examen préalable de capacité, dont sont dispensés les candidats à l'école polytechnique qui justifient de leur admissibilité à l'examen du second degré, puis à un examen définitif, le premier ayant lieu avant le 1er octobre, le second dans les derniers jours d'octobre.

(*Loi du 27 juillet* 1872; *décision de juin* 1873.)

ÉCOLE DES MINEURS.

Cette école, qui est située à Saint-Étienne (Loire), et qui ressortit au ministère des travaux publics, est destinée à former des directeurs d'exploitations de mines et d'usines minéralurgiques ainsi que des gardes-mines.

Les candidats doivent avoir seize ans au moins et vingt-cinq ans au plus au 1er janvier de l'année dans laquelle ils se présentent. Toutefois les militaires et les marins libérés du service peuvent concourir jusqu'à vingt-huit ans.

La demande d'admission doit être accompagnée d'un extrait régulier de l'acte de naissance, d'un certificat de bonnes vie et mœurs délivré par les autorités du lieu du domicile du candidat, et d'une déclaration, dûment légalisée, d'un docteur en médecine, constatant que le candidat a été vacciné ou qu'il a eu la petite vérole.

Les connaissances exigées pour l'admission à l'école sont : la langue française, l'arithmétique, la géométrie comprenant les notions sur quelques courbes, l'algèbre, la trigonométrie rectiligne, la géométrie descriptive, la physique, la chimie, les éléments du dessin linéaire et du dessin d'imitation, et l'exécution d'épures de géométrie descriptive, d'après les programmes adoptés par le ministre.

Les candidats subissent, dans le courant du mois d'août, un examen préalable devant un ingénieur des mines ou, à son défaut, devant un ingénieur des ponts et chaussées désigné à cet effet dans les principales villes des départements.

Sont réputés admissibles, et dispensés en conséquence de l'épreuve préalable, les candidats à l'école polytechnique qui justifient de leur admissibilité à l'examen du second degré.

Les candidats déclarés admissibles passent un examen définitif à Saint-Étienne, devant le conseil de l'école, sur les mêmes matières.

Le cours d'études est de deux années. Le régime de l'école est l'externat. L'instruction est gratuite.

Des brevets de capacité de différents degrés sont délivrés, à leur sortie de l'école, aux élèves qui s'en sont rendus dignes.

Les élèves de cette école sont admis à contracter l'engagement conditionnel d'un an pour le service militaire.

(*Loi du 27 juillet 1872; décision de juillet 1876.*)

ÉCOLES DES MAITRES-OUVRIERS MINEURS.

Il existe deux écoles pratiques destinées à former des maitres-ouvriers mineurs, l'une à Alais (Gard), l'autre à Douai (Nord).

École d'Alais. — Les candidats à l'école d'Alais doivent justifier qu'ils ont eu seize ans accomplis avant le 1er janvier de l'année dans le cours de laquelle ils se présentent. Ils doivent produire un certificat de bonnes vie et mœurs et un certificat, dûment légalisé, d'un médecin ou officier de santé, constatant qu'ils ont été vaccinés ou qu'ils ont eu la petite vérole, qu'ils sont d'une bonne constitution et exempts de toute infirmité permanente les rendant impropres au travail des mines. Ils doivent justifier, soit par un livret, soit par un certificat légalisé d'un directeur d'exploitation, qu'ils ont travaillé dans une mine comme ouvriers mineurs.

Les connaissances exigées pour l'admission sont : la lecture, une écriture lisible et courante, une orthographe à peu près correcte, la pratique de la numération écrite et parlée et des quatre premières règles de l'arithmétique, les notions élémentaires du système métrique des poids et mesures.

Les candidats doivent subir un examen préalable devant un examinateur désigné par le sous-préfet de l'arrondissement dans lequel ils ont leur résidence. Cet examen a lieu dans le courant du mois d'août. Il comprend un exercice de lecture à haute voix dans un ouvrage imprimé ou un manuscrit, une dictée de quelques phrases, des exercices simples de calculs et quelques questions élémentaires sur les poids et mesures.

Les candidats déclarés admissibles sont prévenus directement de l'époque à laquelle ils doivent être rendus à Alais pour subir l'examen définitif, qui a lieu tant sur les connaissances mentionnées ci-dessus que sur les notions pratiques exigées des candidats.

Les leçons de l'école s'ouvrent chaque année dans les premiers jours de novembre. Le régime de l'école est l'internat. Le prix de la pension entière est fixé à 360 francs. Les élèves passent six mois à l'école et six mois dans les mines, savoir : à l'école, les mois de novembre, décembre, janvier, février, juin et juillet; dans les mines, les mois de mars, avril, mai, août, septembre et octobre.

Les bourses ou fractions de bourses instituées par l'État à l'école sont accordées de préférence aux fils de mineurs.

Des brevets de maître-mineur sont délivrés à ceux des élèves de deuxième année qui en sont jugés dignes.

École de Douai. — Il n'est reçu à l'école de Douai que des ouvriers âgés de plus de seize ans et justifiant par un livret qu'ils ont travaillé dans les mines pendant une année au moins. Les candidats doivent, en outre, fournir des témoignages de bonne conduite et faire preuve de capacité et d'une instruction élémentaire comprenant : la lecture, l'écriture, les quatre premières règles de l'arithmétique et la connaissance du système légal des poids et mesures. Le régime de l'école est l'internat. Le prix de la pension est fixé par le conseil d'administration. L'enseignement est réparti en deux années. Après les examens de sortie, des brevets sont délivrés par le préfet du Nord, sur la proposition du conseil d'administration.

(Règlement du 25 juillet 1845; décret du 27 mars 1878.)

ÉCOLE DES PONTS ET CHAUSSÉES.

Cette école, qui est située à Paris, rue des Saints-Pères, n° 28, et qui ressortit au ministère des travaux publics, a pour but de former des ingénieurs pour les services de l'État; elle se recrute parmi les élèves de l'école polytechnique. Il peut y être reçu aussi des élèves externes, Français ou étrangers, pour l'industrie privée.

L'admission des élèves externes se fait à la suite d'examens qui ont lieu à Paris dans les premiers jours d'octobre. Les candidats doivent adresser leur demande, rédigée sur papier timbré, au ministre avant le 1er août.

Pour être admis aux examens, les candidats doivent être âgés de dix-huit ans au moins et de vingt-cinq ans au plus. Ils doivent prouver, par un certificat des autorités du lieu de leur résidence, qu'ils sont de bonnes vie et mœurs. Une habitude suffisante de la langue française est exigée pour l'admission des candidats étrangers.

Les épreuves consistent en compositions écrites, en exécution de dessins et en examens oraux.

La première épreuve est une composition écrite sur un ou plusieurs sujets pris dans le programme des connaissances exigées. La seconde consiste dans l'exécution d'un dessin de géométrie descriptive et d'un lavis d'architecture. Sur le vu de ces travaux préliminaires, le jury d'examen décide s'il y a lieu d'admettre les candidats aux examens oraux. Le programme des connaissances exigées pour les examens oraux comprend l'arithmétique, l'algèbre, la géométrie élémentaire, la trigonométrie rectiligne, la géométrie analytique à deux et à trois dimensions, des notions de géométrie descriptive avec application à la coupe des pierres et à la charpente, des notions de calcul différentiel et intégral, la mécanique, la physique, la chimie et l'architecture, conformément aux programmes adoptés par le ministre.

Sont dispensés de ces épreuves les élèves de l'école polytechnique qui ont été déclarés admissibles dans un service public ou qui ont obtenu un certificat de capacité.

Le cours complet des études a une durée de trois années. L'enseignement est gratuit. Les cours et les études de l'intérieur de l'école commencent dans les premiers jours de novembre. A partir du 1er juin, les élèves peuvent être envoyés en mission dans les départements et y être attachés aux travaux en cours d'exécution.

Les élèves externes qui, à la fin de leurs études, ont satisfait aux examens et concours reçoivent un diplôme constatant le degré de l'instruction acquise par eux pendant la durée de leur présence à l'école.

Les élèves externes de cette école sont admis à contracter l'engagement conditionnel d'un an pour le service militaire.

Des cours préparatoires sont institués pour les jeunes gens qui désirent entrer à l'école des ponts et chaussées en qualité d'élèves externes. La durée de ces cours est d'une année.

L'admission aux cours préparatoires est prononcée à la suite de concours. Les examens ont lieu chaque année dans la première quinzaine d'octobre.

Pour être admis à concourir, les candidats français doivent être âgés de dix-sept ans au moins et de vingt-quatre ans au plus; adresser leur demande au ministre des travaux publics avant le 1er septembre et produire un extrait régulier de leur acte de naissance ainsi qu'un certificat de bonnes vie et mœurs délivré par les autorités du lieu de leur domicile. Une habitude suffisante de la langue française est exigée des candidats étrangers, qui doivent adresser leur demande par l'intermédiaire du ministre des affaires étrangères.

Le concours d'admission se compose d'un examen écrit et d'un examen oral. L'examen écrit comprend une composition sur un ou plusieurs sujets pris dans le programme arrêté par le ministre, et l'exécution d'un dessin de géométrie descriptive et d'un lavis d'architecture. L'examen oral porte sur l'arithmétique, la géométrie, l'algèbre, la trigonométrie rectiligne, la géométrie analytique, la géométrie descriptive, la physique, la chimie, le dessin, suivant les programmes arrêtés par le ministre.

Sont dispensés du concours, sur l'avis du conseil de l'école, les candidats qui, ayant échoué au concours pour les places d'élèves externes, sont reconnus posséder les connaissances suffisantes pour suivre les cours préparatoires.

Les élèves des cours préparatoires qui ont satisfait aux examens de la fin de l'année sont admis, sur l'avis du conseil de l'école et sans nouvel examen, au titre d'élève externe.

(*Loi du 27 juillet 1872; décret du 13 octobre 1851; décision de juillet 1878.*)

MINISTÈRE DE L'AGRICULTURE ET DU COMMERCE.

ÉCOLES D'AGRICULTURE.

Écoles nationales d'agriculture. — Il y a trois écoles nationales d'agriculture, à Grignon, Grand-Jouan et Montpellier, qui ressortissent au ministère de l'agriculture et du commerce et ont pour objet de préparer des agriculteurs éclairés, des cultivateurs praticiens instruits et habiles et des aides ruraux adroits et intelligents.

Ces écoles reçoivent des élèves internes, des élèves externes et des auditeurs libres.

Pour être admis dans ces écoles, il faut être âgé de dix-sept ans accomplis au 1er octobre de l'année de l'admission et subir un examen. Les auditeurs libres n'ont pas d'examen à subir; ils sont admis sur l'autorisation du directeur.

La demande d'admission, rédigée sur papier timbré, doit être adressée au ministre ou au directeur de l'école, qui la transmet au ministre; elle doit parvenir le 30 septembre au plus tard, délai de rigueur, et être accompagnée des pièces suivantes, toutes légalisées : 1° l'acte de naissance du candidat; 2° un certificat de moralité, délivré par l'autorité locale; 3° un certificat de médecin, attestant que le candidat a été vacciné ou qu'il a eu la petite vérole; 4° une obligation souscrite sur papier timbré par ses parents, tuteur ou protecteur, pour garantir le payement, par trimestre et d'avance, de sa pension pendant toute la durée de son séjour à l'école.

Pour les candidats étrangers, l'obligation relative au payement de la pension doit être fournie, à défaut de parents, par un correspondant résidant en France, laquelle le constitue personnellement responsable de ce payement.

Les épreuves de l'examen ont lieu dans chaque école, pendant le mois d'octobre, devant un jury nommé par le ministre.

L'examen comprend une épreuve écrite consistant en une narration française, et des épreuves orales portant sur l'arithmétique, l'algèbre, la géométrie, la physique, la chimie et la géographie, d'après les programmes adoptés par le ministre.

Les candidats qui justifient du diplôme de bachelier ès sciences (p. 26) sont dispensés de l'examen et entrent aux écoles sans avoir à le subir.

Des bourses et des demi-bourses d'internat sont instituées par l'État dans les écoles d'agriculture. Les bourses, au nombre de deux par chaque année d'étude, sont réservées aux anciens apprentis des fermes-écoles et se donnent au concours et dès l'entrée à l'école. Les demi-bourses, au nombre de quatre par année d'études, ne peuvent s'obtenir qu'au concours entre tous les élèves et d'après les résultats des concours généraux semestriels.

La durée du cours d'études est de deux années et demie. Le régime de ces écoles est l'internat et l'externat.

Le prix de la pension est de 1,200 francs par an pour les élèves internes de l'école de Grignon, de 1,000 francs pour les élèves internes des écoles de Grand-Jouan et de Montpellier, et de 200 francs pour les élèves externes et les auditeurs libres des trois écoles. En outre, les élèves internes doivent être munis d'un trousseau en bon état; et chaque élève interne ou externe doit se procurer à ses frais les divers objets nécessaires à ses études.

A la fin des études, les élèves subissent un examen de sortie, consistant en épreuves théoriques et pratiques; ceux qui l'ont subi avec succès reçoivent un diplôme qui confère l'admissibilité aux examens supérieurs pour le grade d'ingénieur agricole.

Les élèves de ces écoles sont admis à contracter l'engagement conditionnel d'un an pour le service militaire.

Diplôme d'ingénieur agricole.—Un diplôme d'ingénieur agricole, délivré sous l'autorité du ministre, peut être obtenu, à la suite d'un examen spécial, par les élèves qui ont satisfait aux examens généraux de sortie des écoles d'agriculture ou sont munis d'un certificat d'admissibilité délivré par les jurys des écoles d'agriculture, qui tiennent à cet effet une session extraordinaire dans la seconde quinzaine de mars.

Pour obtenir le diplôme d'ingénieur agricole, le candidat doit présenter et discuter un mémoire donnant la monographie raisonnée d'une localité ou d'une exploitation agricole, et répondre aux questions qui lui sont posées sur l'agriculture, la zootechnie, la comptabilité et les sciences économiques, mathématiques, physiques, chimiques et naturelles dans leurs rapports avec l'agriculture. Des épreuves pratiques peuvent, en outre, être exigées des candidats.

Les épreuves du concours commencent à Paris, le 1er décembre de chaque année; les mémoires des candidats doivent être remis, au nombre de deux exemplaires au moins, le 15 octobre, au ministère de l'agriculture et du commerce.

Institut national agronomique. — Il a été organisé à Paris, au Conservatoire des arts et métiers, un institut agronomique, qui a pour but de favoriser le progrès agricole et d'élever le niveau de la science dans ses rapports avec toutes les branches de la production animale et végétale.

Cet institut n'admet que des élèves externes, âgés de dix-sept ans révolus le 1er janvier de l'année où ils se présentent, munis du diplôme de bachelier ès sciences (p. 26) ou d'un titre jugé équivalent par le jury, ou à défaut, ayant subi un examen d'admission sur les diverses connaissances scientifiques exigées pour le baccalauréat ès sciences. Il est tenu compte aux candidats des connaissances qu'ils possèdent en agriculture, en histoire naturelle, en chimie, dans les différents genres de dessins, en langues étrangères.

Toute demande d'admission doit être faite sur papier timbré et adressée

avant le 1er octobre au ministre ou au directeur de l'institut; elle doit
être accompagnée de l'acte de naissance du candidat, d'un certificat de
vaccine, d'un certificat de moralité délivré par le chef d'établissement
ou par le maire de la dernière résidence, et d'une obligation souscrite sur
papier timbré par les parents ou le tuteur pour garantir le payement de
la rétribution scolaire.

Les examens d'admission et le concours pour l'obtention des bourses
ont lieu dans le courant du mois d'octobre.

La durée des études est de deux ans, après lesquels les élèves qui ont
subi d'une manière satisfaisante les examens de fin d'études reçoivent le
diplôme de l'enseignement supérieur de l'agriculture.

La rétribution scolaire pour l'enseignement et les frais d'examen est
fixée à 300 francs par an; des bourses ou fractions de bourses sont mises
au concours par moitié entre les élèves diplômés des écoles d'agriculture
et les autres concurrents. Des auditeurs libres, payant une rétribution de
25 francs par an, peuvent être admis à assister aux cours, mais n'ont entrée
ni dans les salles d'études ni dans les laboratoires.

École d'irrigation et de drainage. — Il existe au Lézardeau, près de
Quimperlé, une école pratique d'irrigation et de drainage, placée sous
l'autorité du ministre de l'agriculture et du commerce, qui reçoit des
élèves internes ou externes.

La durée des études est d'une année. Les candidats à l'internat doivent
être âgés de dix-sept ans accomplis dans l'année de leur admission et
fournir, à l'appui de leur demande, leur acte de naissance, un certificat
de moralité et un certificat de vaccine. Ils ont à subir un examen sur
les matières de l'enseignement primaire, comprenant une narration ou
dictée, des interrogations sur l'arithmétique (numération, quatre règles,
fractions, proportions, système métrique) et sur la géométrie (notions
élémentaires de géométrie plane, mesure des surfaces, cubage, arpentage
à l'équerre). Les élèves internes payent une pension de 600 francs, s'ils ne
sont stagiaires ou boursiers. Quinze stages sont accordés chaque année
par l'État, de préférence aux anciens apprentis des fermes-écoles sortis
au premier ou au second rang avec le certificat; deux de ces stages peuvent
être donnés à des conducteurs des ponts et chaussées. Des élèves externes
sont autorisés à suivre l'enseignement, sur demande adressée au directeur.

École de bergers. — Il a été créé à Rambouillet une école de bergers, qui
reçoit les jeunes gens âgés de quinze ans et justifiant des connaissances de
l'instruction primaire, pour les initier à la conduite et à la bonne tenue des
troupeaux. Le candidat doit adresser sa demande au ministre avant le
10 octobre, en y joignant : 1° son acte de naissance ; 2° un certificat constatant qu'il a eu la petite vérole, et qu'il n'est atteint d'aucune infirmité qui
le rende impropre aux travaux des champs; 3° un certificat de bonnes vie
et mœurs; 4° un procès-verbal de l'examen qu'il a subi devant l'instituteur

de sa commune sur la lecture, l'écriture et la pratique des quatre premières règles de l'arithmétique, avec une page écrite de sa main.

La durée de l'apprentissage est de deux ans. Le régime de l'école est l'internat. La nourriture et l'enseignement sont gratuits.

(Loi du 27 juillet 1872; arrêtés des 13 janvier 1873 et 6 juillet 1878; décisions de septembre et octobre 1874, avril 1875 et de 1877.)

ÉCOLE D'HORTICULTURE.

Une école d'horticulture est établie au potager de Versailles; elle est placée sous l'autorité du ministre de l'agriculture et du commerce. Elle a pour but de former des jardiniers capables et instruits, possédant toutes les connaissances théoriques et pratiques relatives à l'art horticole.

Cette école ne reçoit que des élèves externes. L'enseignement y est gratuit. La durée des études est de trois ans.

Les candidats doivent être âgés de dix-sept ans au moins et de vingt-sept ans au plus dans l'année de leur admission.

Les demandes d'admission, rédigées sur papier timbré, doivent être adressées aux préfets des départements dans lesquels résident les candidats, et parvenir le 1er septembre au plus tard; toutefois, pour les départements de la Seine et de Seine-et-Oise, elles doivent être adressées au ministre de l'agriculture et du commerce. Elles doivent être accompagnées de l'acte de naissance du candidat, d'un certificat de moralité délivré par l'autorité locale et d'un certificat de médecin attestant que le candidat a la santé et la force nécessaires pour exercer la profession de jardinier.

L'examen d'admission porte sur les matières de l'enseignement primaire et s'applique à la lecture, à l'écriture et à l'orthographe (cette épreuve consiste en une dictée), à la numération et aux quatre premières règles de l'arithmétique. Il est tenu compte aux candidats des connaissances techniques qu'ils peuvent posséder. Les épreuves ont lieu le 15 septembre à la préfecture du département ou au siège même de l'école pour les candidats de la Seine et de Seine-et-Oise; tout élève qui les subit d'une manière satisfaisante est admis élève titulaire et doit être rendu à l'école le 1er octobre. A leur arrivée, les élèves subissent un examen de classement, qui sert en même temps pour l'attribution des bourses de l'État.

Les élèves qui satisfont aux examens de sortie reçoivent, sur la proposition du jury d'examen, un certificat d'études délivré par le ministre; ceux qui sortent parmi les premiers peuvent obtenir, si le degré de leur instruction et leurs aptitudes justifient cette faveur, un stage d'une année dans de grands établissements horticoles de la France ou de l'étranger, avec jouissance d'une allocation de 1,200 francs. Le nombre de ces stages ne peut être supérieur à trois par année.

Six bourses, d'une valeur de 600 francs, sont accordées chaque année aux élèves portés les premiers sur la liste de classement, pour contribuer à une partie de leur entretien à Versailles. L'école admet également les élèves envoyés par les départemehts, les villes, les associations agricoles ou horticoles et entretenus à leurs frais.

Les cours annuels commencent le 1er octobre et se terminent le 1er août.

(Décision de juillet 1874.)

ÉCOLES VÉTÉRINAIRES.

Ces écoles, qui sont situées à Alfort, à Lyon et à Toulouse, et qui ressortissent au ministère de l'agriculture et du commerce, ont pour but de former des vétérinaires civils et militaires, capables d'exercer la médecine des animaux domestiques. Elles reçoivent des élèves internes, des élèves externes et des auditeurs libres, français ou étrangers.

L'admission des élèves internes et externes a lieu par voie de concours. Toutefois les bacheliers ès lettres (p. 23) et ès sciences (p. 26) et les jeunes gens munis du diplôme délivré dans les écoles nationales d'agriculture sont dispensés de l'examen. Le certificat de grammaire (p. 20) donne droit à l'avantage d'un certain nombre de points.

Les auditeurs libres sont reçus sans examen, sur l'autorisation du directeur de l'école.

Pour être admis à concourir, il faut avoir dix-sept ans accomplis et moins de vingt-cinq ans au 1er octobre de l'année du concours. Aucune dispense d'âge ne peut être accordée.

Les demandes d'admission au concours doivent être adressées au ministre, soit directement, soit par l'intermédiaire des préfets, mais de manière qu'elles soient parvenues au ministère le 20 septembre au plus tard.

A toute demande doivent être joints l'acte de naissance du candidat, un certificat de médecin constatant qu'il a été vacciné ou qu'il a eu la petite vérole, un certificat de bonnes vie et mœurs délivré par l'autorité locale et une obligation souscrite sur papier timbré par les parents du candidat pour garantir le payement de sa pension. Ces pièces doivent être dûment légalisées.

Les candidats autorisés à concourir doivent se rendre le 6 octobre, à 9 heures du matin, à l'école de leur circonscription afin de justifier de l'autorisation qu'ils ont obtenue. Le directeur leur donne connaissance du jour et de l'heure de l'ouverture du concours.

L'examen porte sur la langue française, l'arithmétique, la géométrie, la géographie, la cosmographie et l'histoire de France, dans la limite du programme indiqué par le ministre. Les compositions écrites consistent en une dictée et une narration sur l'histoire de France, depuis Charles VII jusqu'à 1848. Les épreuves sur l'arithmétique, la géométrie, la géographie et la cosmographie sont des épreuves orales et publiques.

Des demi-bourses sont destinées à récompenser le travail et la bonne conduite des élèves internes. Elles ne peuvent être obtenues qu'après six mois d'études au moins, et elles ne sont accordées qu'aux élèves les mieux notés aux examens généraux semestriels ; une seconde demi-bourse ne peut être obtenue qu'après un intervalle de six mois. Parmi ces demi-bourses, il en est attribué deux à chaque département ; elles sont réservées aux élèves des départements dont se compose la circonscription de chaque école conformément à la répartition officielle.

Il existe en outre, aux frais du ministère de la guerre, 60 bourses entières, réparties ainsi entre les trois écoles vétérinaires : 30 à l'école d'Alfort, 15 à l'école de Lyon et 15 à l'école de Toulouse. Ces bourses sont accordées sans distinction aux jeunes gens qui en font la demande, et, dans l'ordre de mérite, aux candidats déclarés admissibles par le jury. Nul ne peut être admis à une bourse militaire, s'il ne justifie qu'il a dix-sept ans au moins le 1er octobre de l'année du concours ou dix-huit ans au plus dans le courant de la même année. Les demandes doivent spécifier l'école où le candidat sollicite son admission et parvenir le 15 septembre au plus tard au ministre de la guerre, dûment légalisées. Elles doivent être accompagnées : 1º de l'acte de naissance du candidat ; 2º d'un certificat de bonnes vie et mœurs délivré par l'autorité civile ou par l'autorité militaire, si le candidat fait partie de l'armée ; 3º d'un certificat délivré par le commandant d'un bureau de recrutement, attestant qu'il a la taille de 1m,54, et qu'il réunit les qualités requises pour servir dans l'arme de la cavalerie ; 4º d'un certificat de vaccine, légalisé par le préfet ou le sous-préfet ; 5º d'un certificat d'examen de grammaire (p. 20) ou d'un diplôme de baccalauréat ès sciences restreint (p. 27), ou d'un certificat constatant que le candidat a subi avec succès la première partie du baccalauréat ès lettres (p. 23) ; 6º de l'engagement sur papier timbré, souscrit par les parents, de rembourser les frais d'entretien de leur fils dans le cas où celui-ci perdrait sa bourse militaire ou refuserait de contracter un engagement volontaire de cinq années.

La durée des études dans les écoles vétérinaires est de quatre années. Le prix de la pension est de 600 francs par an pour l'internat, de 200 francs pour l'externat, payables par trimestre et d'avance. Les auditeurs libres payent 50 francs par trimestre. Les frais de trousseau, de livres et instruments nécessaires aux études sont de plus à la charge des élèves.

Les élèves de quatrième année qui sont reconnus par le jury en état d'exercer la médecine des animaux domestiques reçoivent un diplôme de vétérinaire, pour lequel il est perçu un droit fixe de 100 francs.

Les élèves de ces écoles sont admis à contracter l'engagement conditionnel d'un an pour le service militaire.

(Loi du 22 juillet 1872; décrets des 18 février 1874 et 30 août 1876; décisions de juin et août 1878.)

ÉCOLES D'ARTS ET MÉTIERS.

Ces écoles, qui sont situées à Aix, Angers et Châlons-sur-Marne, et qui ressortissent au ministère de l'agriculture et du commerce, sont destinées à former des chefs d'ateliers et des ouvriers instruits et habiles pour les industries où l'on travaille le fer et le bois. Elles sont régionales et comprennent dans leur circonscription les départements déterminés par décision ministérielle.

Pour être admis dans ces écoles, il faut : 1° être Français ; 2° avoir plus de quinze ans et moins de dix-sept ans au 1er octobre de l'année du concours ; 3° avoir été déclaré admissible par un jury d'examen, à la suite d'un concours.

Le concours comprend deux examens : l'un devant un jury siégeant au chef-lieu de chaque département, l'autre devant une commission régionale. Le premier examen a lieu dans la seconde quinzaine de juillet ; le second, à l'époque déterminée par le ministre.

Les examens d'admission, qui consistent en compositions écrites et en examens oraux, portent sur l'écriture, l'orthographe, l'arithmétique comprenant notamment les quatre premières règles, les fractions, le système décimal, les proportions et l'extraction des racines carrées, les éléments de la géométrie jusques et y compris les surfaces planes, les éléments du dessin linéaire et du dessin d'ornement et les quatre premières opérations de l'algèbre. Les compositions écrites qui font partie du premier examen comprennent une dictée, deux problèmes d'arithmétique et deux problèmes de géométrie, une épure de dessin linéaire, l'exécution d'une pièce de bois ou de fer en rapport avec le métier du candidat, et un dessin d'ornement.

Pour être admis au concours, chaque candidat doit adresser, avant le 1er mai, une demande d'inscription, écrite sur papier timbré et légalisée, au préfet du département dans lequel ses parents ont leur domicile civil, et produire en même temps : 1° son acte de naissance ; 2° un certificat d'un docteur en médecine constatant que le candidat est d'une bonne constitution et qu'il n'est atteint d'aucune maladie scrofuleuse ou autre analogue ; 3° un certificat de vaccination ; 4° un certificat de bonnes vie et mœurs, délivré par l'autorité locale et attestant de plus que le candidat est Français ; 5° un certificat délivré par un chef d'industrie ou par un chef d'établissement d'enseignement et constatant que le candidat est familiarisé avec le travail manuel ; 6° une attestation qu'il a fait sa première communion, s'il est catholique ; 7° l'engagement sur papier timbré du père ou tuteur d'acquitter le prix de la pension ou portion de pension de l'élève et le montant du trousseau et des frais accessoires. Les signatures des certificats et de l'engagement doivent être légalisées.

Un certain nombre de bourses sont instituées par l'État dans chaque école et partagées entre chaque département. Les demandes de bourses doivent être déposées à la préfecture, à l'adresse du ministre, en même temps que les demandes d'admission au concours, c'est-à-dire avant le 1er mai.

La durée des études est de trois ans. L'instruction est à la fois théorique et pratique. Le régime de l'école est l'internat. Le prix de la pension est de 600 francs par an, payables par trimestre et d'avance. Le montant du trousseau et des frais accessoires est de 310 francs.

Les élèves arrivés au terme de leurs études et qui ont satisfait aux épreuves de sortie reçoivent un certificat.

Les élèves de ces écoles sont admis à contracter l'engagement conditionnel d'un an pour le service militaire.

(*Loi du 27 juillet 1872; décision de mars 1878.*)

ÉCOLE CENTRALE DES ARTS ET MANUFACTURES.

Cette école, qui est située à Paris, rue des Coutures-Saint-Gervais, n° 1, et qui ressortit au ministère de l'agriculture et du commerce, est destinée à former des ingénieurs pour toutes les branches de l'industrie et pour les travaux et services publics dont la direction n'appartient pas nécessairement aux ingénieurs de l'État.

L'admission à cette école a lieu chaque année à la suite de concours et examens publics qui sont subis, au choix des candidats, dans deux sessions distinctes, à Paris, l'une en juillet, l'autre en octobre.

Les demandes d'admission au concours doivent être adressées par écrit, avant le 15 juillet pour la première session, et avant le 15 septembre pour la deuxième session, au secrétaire du jury de concours, au siège même de l'école. Les étrangers sont admis comme les nationaux.

Pour être admis à concourir, les candidats doivent justifier qu'ils ont eu dix-sept ans accomplis au 1er janvier de l'année dans laquelle ils se présentent au concours, et produire un certificat de vaccine et un certificat de moralité délivré par le chef de l'établissement dans lequel ils ont accompli leur dernière année d'études, ou à défaut par le maire de leur dernière résidence.

Les épreuves consistent en compositions écrites et en examens oraux, qui portent, conformément aux programmes officiels adoptés par le ministre, sur les connaissances ci-après: la langue française; l'arithmétique; la géométrie élémentaire; l'algèbre jusqu'à la théorie générale des équations inclusivement; la trigonométrie rectiligne; la géométrie analytique à deux et trois dimensions jusqu'aux notions générales sur les surfaces du deuxième degré inclusivement; la géométrie descriptive jusqu'aux surfaces gauches exclusivement; toute la partie de la physique que comprend l'enseignement des lycées jusqu'à la chaleur inclusivement; en chimie, les généralités et les métalloïdes; l'histoire naturelle; le dessin à main levée; le dessin au trait et le lavis.

Les compositions écrites peuvent s'appliquer à toutes les divisions du programme; une rédaction correcte et méthodique et une écriture régulière et très lisible en sont des conditions essentielles. Les candidats exécutent en outre une épure de géométrie descriptive et un dessin architectural renfermant des parties ornementées qu'ils doivent reproduire à une échelle réduite, d'après un dessin modèle. Une partie déterminée de ce dessin doit être lavée à teintes plates.

10.

Les candidats qui désirent prendre part aux subventions accordées par l'État doivent en faire la déclaration par écrit, avant le 15 juillet, à la préfecture de leur département. Cette déclaration doit être accompagnée d'une demande adressée au ministre, appuyée de leur extrait de naissance et d'un certificat de moralité délivré par le chef de l'établissement dans lequel ils ont accompli leur dernière année d'études, ou, à défaut, par le maire de leur dernière résidence. La demande est communiquée par le préfet au conseil municipal du domicile de la famille du candidat, afin que ce conseil vérifie si la famille est dépourvue des ressources suffisantes pour subvenir à l'entretien de l'élève à Paris et au payement total ou partiel du prix de l'enseignement pendant la durée des études. Le préfet transmet au ministre, avant le 15 septembre, la délibération motivée du conseil municipal, avec les pièces justificatives à l'appui, et il y joint son avis personnel. Ces subventions ne sont accordées que pour un an; mais elles peuvent être continuées ou même augmentées en faveur des élèves qui s'en rendent dignes par leurs progrès et leur conduite.

La durée du cours des études est de trois années. Le régime de l'école est l'externat. Le prix de l'enseignement est de 800 francs par an, payables en trois termes. Les élèves sont tenus, en outre, de verser à la caisse de l'école, et à titre de dépôt, une somme de 35 francs destinée à garantir le payement des objets perdus, cassés ou détériorés par leur faute.

À la fin de la troisième année d'études, des diplômes d'ingénieur des arts et manufactures sont délivrés aux élèves qui ont satisfait d'une manière complète à toutes les épreuves du concours. Des certificats de capacité sont accordés à ceux qui, n'ayant satisfait que partiellement aux épreuves, ont néanmoins justifié de connaissances suffisantes sur les points les plus importants de l'enseignement.

Les élèves de cette école sont admis à contracter l'engagement conditionnel d'un an pour le service militaire.

(Loi du 27 juillet 1872; décision d'avril 1878.)

ÉCOLE SUPÉRIEURE DU COMMERCE.

Cette école, située à Paris, rue Amelot, 102, est placée sous le patronage de la chambre de commerce de Paris et sous la surveillance d'un conseil de perfectionnement, présidé par le ministre de l'agriculture et du commerce. Elle est exclusivement consacrée aux études commerciales supérieures et est destinée à former des négociants, des banquiers, des administrateurs, des directeurs et des employés d'établissements industriels et commerciaux. Son enseignement convient spécialement aux jeunes gens qui veulent suivre la carrière du commerce, de l'administration, des finances, des consulats, *etc.*

Cette école reçoit des élèves internes et des élèves externes âgés de plus de quinze ans. Le prix de la pension est fixé à 2,000 francs par an. Chaque élève paye en outre un droit d'entrée de 30 francs pour l'amortissement du matériel pendant la durée de son séjour à l'école. Le trousseau est à la volonté des parents. Le prix de l'externat, y compris le déjeuner, est fixé à 1,000 francs par an.

La durée des études est de trois années. Les cours commencent le 1er octobre et finissent le 1er août.

L'école est partagée en trois divisions ou comptoirs, qui correspondent aux trois années d'études. L'enseignement comprend l'écriture, l'arithmétique théorique et pratique, la comptabilité dans toutes ses parties; l'étude du français, de l'anglais, de l'allemand, de l'espagnol et de l'italien; la géographie, l'histoire, la littérature française, la correspondance commerciale; l'algèbre, la géométrie, le dessin linéaire appliqué aux machines et à l'architecture et le dessin d'ornement; la physique, la mécanique élémentaire, la chimie industrielle, la technologie; l'étude des matières premières du commerce et de l'industrie; l'histoire du commerce, la géographie commerciale, l'économie politique, le droit commercial, le droit maritime, la législation industrielle, le commerce intérieur, le commerce extérieur, la statistique.

Les élèves de la troisième division qui ont fini leurs travaux et subi leurs examens définitifs d'une manière satisfaisante devant le conseil de perfectionnement de l'école reçoivent un diplôme de capacité signé par le ministre de l'agriculture et du commerce.

L'État entretient à l'école douze boursiers. Des concours ont lieu chaque année. Pour y être admis, il faut justifier que l'on est Français ou naturalisé Français, être âgé de seize ans au moins et de vingt ans au plus au 1er janvier de l'année du concours. Le concours se compose exclusivement de compositions écrites qui portent sur l'orthographe, l'histoire et la géographie, la comptabilité, l'arithmétique, la physique ou la chimie, la langue anglaise ou allemande, le dessin d'ornement.

ÉCOLE FORESTIÈRE.

Cette école, qui est située à Nancy (Meurthe-et-Moselle), et qui ressortit aujourd'hui au ministère de l'agriculture et du commerce, a pour but de former les jeunes gens qui se destinent au service de l'administration des forêts.

L'admission à cette école a lieu chaque année à la suite de concours publics.

Pour se présenter au concours, le candidat doit avoir une lettre d'autorisation du directeur général des forêts, laquelle est délivrée aux candidats sur leur demande et sur la production des pièces suivantes : 1° l'acte de naissance, dûment légalisé, constatant que le candidat est Français ou naturalisé et qu'il aura, avant le 1er novembre de l'année du concours, dix-huit ans accomplis et moins de vingt-deux[1]; 2° une déclaration dûment

---

1. La limite d'âge d'admission, pour le concours de 1879, est prorogée d'un an en faveur de tous les candidats qui ont atteint cette limite en 1878. (*Journal officiel*, 15 *octobre* 1878.)

légalisée d'un docteur en médecine, attaché à un hospice civil ou à un hôpital militaire, attestant que le candidat est d'une constitution propre à supporter les fatigues de la marche, qu'il a été vacciné ou qu'il a eu la petite vérole, qu'il n'a aucun vice de conformation ni infirmité ou difformité qui le rende impropre au service forestier ; 3° le diplôme de bachelier ès sciences (p. 26), ou celui de bachelier ès lettres (ancien) ou le certificat de la première épreuve du baccalauréat ès lettres nouveau (p. 23) : la possession du diplôme de bachelier ès lettres (ancien) ou du certificat de la première épreuve du baccalauréat ès lettres nouveau donne droit à un avantage de cinquante points ; 4° une obligation sous seing privé par laquelle ses parents, ou le candidat, s'il est majeur et jouit de ses biens, s'engagent à verser entre les mains de l'agent comptable de l'école une pension annuelle de 1,500 francs, outre les frais de trousseau et les frais accessoires, pendant deux années de son séjour à l'école, et à lui faire une pension de 600 fr. depuis la fin de la deuxième année jusqu'au moment où il sera employé comme garde général en activité ; 5° une déclaration écrite du lieu d'examen choisi par le candidat dans l'arrondissement d'examen du domicile de sa famille ou de celui où il achève ses études, pourvu qu'il justifie y avoir étudié depuis le commencement de l'année scolaire.

Les demandes d'admission au concours et les pièces ci-dessus indiquées doivent être parvenues à l'administration des forêts avant le 31 mai, sous peine de rejet. Après vérification des pièces, le directeur général informe directement chaque candidat de son admission au concours, du lieu et de l'époque des compositions.

Le concours comprend trois épreuves successives : les compositions, les examens oraux du premier degré et les examens oraux du second degré.

Il est fait par les candidats sept compositions écrites sur les matières suivantes : mathématiques (question d'arithmétique, d'algèbre ou de géométrie), narration française, dictée en français, trigonométrie et calcul logarithmique, thème allemand, dessin d'imitation, dessin linéaire et lavis.

Les examens oraux sont faits par les examinateurs des aspirants à l'école polytechnique. Ils se divisent en deux parties : examens du premier degré et examens du second degré. Les candidats qui ne satisfont pas aux examens du premier degré ne sont pas admis à subir ceux du second degré. Ces examens portent sur l'arithmétique, la géométrie élémentaire, l'algèbre, la trigonométrie, la géométrie analytique, la géométrie descriptive, la physique, la chimie, la cosmographie, la mécanique, la langue allemande, l'histoire moderne et contemporaine, la géographie physique et politique, conformément aux programmes adoptés par le ministre.

Les candidats sont tenus en outre de présenter aux examinateurs un certain nombre de feuilles de dessin et d'épures, conformément aux prescriptions du programme officiel.

À leur arrivée à l'école, les élèves sont soumis à la visite du médecin de l'établissement, et, s'il y a lieu, à une contre-visite, afin de constater qu'ils n'ont aucun vice de conformation ni aucune infirmité qui les mette hors d'état de suivre les cours de l'école, ou qui les rende impropres au service forestier. Une très mauvaise vue est considérée comme un cas d'incapacité physique.

Le cours des études est de deux années. Les cours commencent le 2 novembre et se terminent le 2 septembre. Le régime de l'école est l'internat. La pension est de 1,500 francs par an, indépendamment d'une somme de 1,050 francs versée au moment de la première entrée à l'école pour achat des effets d'uniforme, d'équipement et de literie et objets nécessaires à leur instruction et à leur entretien.

Quatre bourses sont instituées en faveur de fils d'agents et de préposés forestiers. Les candidats qui y prétendent doivent adresser leur demande au directeur général avant le 31 mai.

Les élèves qui ont satisfait à l'examen de sortie sont admis dans les rangs des agents forestiers avec le titre de garde général des forêts ; ils ont droit aux emplois vacants dans ce grade ; mais ils ne peuvent être pourvus d'un emploi dans le service actif qu'après avoir complété leur instruction par un temps de stage dont le lieu, la durée et l'emploi sont réglés par le directeur général des forêts.

Les élèves de cette école sont considérés comme présents sous les drapeaux dans l'armée active pendant tout le temps passé par eux dans ladite école.

Des auditeurs libres ou élèves externes peuvent être admis à suivre les cours de l'école. Les nominations sont faites d'après les garanties présentées par les postulants.

(Arrêté du 28 juin 1877.)

ÉCOLE DES HARAS.

Cette école, qui ressortit au ministère de l'agriculture et du commerce, est située au village du Pin, dans l'arrondissement d'Argentan (Orne). Le régime est l'internat, la durée de l'enseignement est de deux ans ; l'instruction et le logement sont gratuits.

Le nombre des élèves admis chaque année est de neuf au plus ; ils ne sont admis que par voie de concours.

Nul ne peut se présenter à l'examen d'admission sans l'autorisation du ministre ; cette autorisation n'est accordée qu'à des jeunes gens de dix-huit ans au moins et de vingt-cinq ans au plus. A la demande d'admission doivent être joints : 1° l'acte de naissance du candidat ; 2° un certificat de vaccine ; 3° une attestation des études par lui faites soit dans les collèges, soit dans toute autre institution du deuxième degré. Ces pièces doivent parvenir au ministre avant le 15 juillet.

L'examen, qui a lieu au dépôt d'étalons du Pin dans la dernière quinzaine du mois d'août, comprend des interrogations sur l'arithmétique, la géométrie, l'histoire, la géographie, les éléments de physique et de chimie. Les candidats doivent en outre faire une reprise de manège et une composition écrite sur un sujet ayant trait aux études hippiques et agricoles. Ils peuvent, d'après leur demande, être interrogés sur la langue anglaise ou allemande. Le jury tient compte, dans ses appréciations, du degré de leur instruction à cet égard.

Les élèves de cette école sont admis à contracter l'engagement conditionnel d'un an, sans avoir à passer l'examen spécial.

(*Loi du 31 décembre 1875 ; arrêtés des 14 août 1874 et 3 mars 1876.*)

ÉCOLES PRIVÉES.

ECOLE SPÉCIALE D'ARCHITECTURE.

Cette école, située à Paris, boulevard du Mont-Parnasse, 136, a été fondée par une association d'efforts privés et reconnue comme établissement d'utilité publique le 11 juin 1870. Elle a pour but de former des architectes, et elle admet les nationaux et les étrangers.

Les études normales durent trois années. Les cours commencent le 10 novembre et finissent le 10 août. Le régime de l'école est l'externat. Le prix de l'enseignement est de 850 francs par an ; les élèves sont en outre tenus de verser à la caisse de l'école, au commencement de chaque année, une somme de 40 francs, destinée à garantir le payement des objets perdus ou détériorés par leur faute.

Nul n'est admis à l'école qu'après avoir subi des épreuves, qui ont lieu, au choix du candidat, soit au siège de l'école, à Paris ; soit dans les chefs-lieux des départements, auprès du professeur désigné, sur la demande de l'école, par le directeur du collège local ; soit à l'étranger, par les professeurs des universités.

Il y a deux sessions d'examen à Paris : la première commence le 1er août ; la seconde, le 20 octobre. Tout postulant doit adresser sa demande au directeur avant le 30 juillet ou le 20 octobre.

Les épreuves d'admission comprennent : 1° un dessin d'après un ornement en relief ; 2° le dessin (plan, coupe, élévation) d'un édifice rendu sur un croquis coté ; 3° une épure déterminant les lignes de séparation d'ombre et de lumière sur les diverses parties d'un chapiteau dorique avec les ombres portées ; 4° une composition écrite ; 5° un examen oral portant sur l'arithmétique ; l'algèbre, y compris les équations du deuxième degré à une inconnue ; la géométrie ; les rapports trigonométriques ; la géométrie descriptive ; des notions de géographie, conformément aux programmes arrêtés par le conseil de l'école.

Il est tenu compte aux candidats des études architecturales qu'ils ont déjà faites, ainsi que des épures de géométrie descriptive et de dessin d'architecture qu'ils fournissent à l'appui de leur demande d'admission.

Les candidats des départements qui en font la demande passent leurs

examens dans les chefs-lieux, auprès d'examinateurs spécialement désignés à cet effet.

A la fin de la troisième année d'études, les élèves qui ont satisfait à
toutes les épreuves réglementaires de l'enseignement sont admis à un
concours général, qui a pour but l'obtention soit du certificat de con-
structeur, soit du diplôme de l'école.

La ville de Paris a fondé six bourses à cette école en faveur de jeunes
gens nés et ayant leurs parents domiciliés à Paris. Le concours pour ces
bourses a lieu à la session d'octobre.

ÉCOLE DES SCIENCES POLITIQUES.

L'école libre des sciences politiques, située à Paris, rue des Saints-
Pères, 15, est le couronnement naturel de toute éducation libérale.

Chacune des grandes divisions de son enseignement constitue une préparation complète à l'une des carrières suivantes et aux examens ou aux
concours qui en ouvrent l'entrée : la diplomatie, le conseil d'État, l'administration, l'inspection des finances, la cour des comptes. L'enseignement
comprend, dans chaque branche, des cours et des conférences. Les cours
ont lieu une fois par semaine ; ils ont pour sujet les parties les plus essentielles des connaissances exigées dans les carrières auxquelles l'école
prépare.

L'enseignement de l'école dure deux années. On peut entrer à l'école
tous les ans. L'année d'études commence la dernière semaine de novembre
et finit la première semaine de juin ; elle est divisée en deux trimestres.

Au mois de juin de la seconde année, les élèves qui ont pris pendant
deux années de suite une inscription d'ensemble (totale ou générale) sont
admis à un examen final. Des diplômes sont décernés dans chaque section
aux candidats reconnus capables.

L'école reçoit des auditeurs et des élèves ; les uns et les autres sont
admis sans examen, sur demande et sur l'avis conforme du conseil. On
s'inscrit au secrétariat à partir du 1er novembre.

Les élèves sont les personnes qui prennent une inscription d'ensemble
(totale ou générale), et qui la renouvellent pendant tout le cours de
l'année. Les auditeurs sont les personnes qui ont pris une inscription
partielle.

TABLE DES MATIÈRES.

§ I. CONDITIONS D'ADMISSION AUX GRADES ET DIPLOMES DE L'ENSEIGNEMENT.

1° INSTRUCTION PRIMAIRE.

Certificat d'aptitude au titre de directrice de salle d'asile. 5
Brevet de capacité d'institutrice primaire. 6
Brevet de capacité de directrice de maison d'éducation de jeunes demoiselles. 6
Brevet de capacité d'instituteur primaire. 7
Certificat d'aptitude au titre d'inspecteur de l'instruction primaire. 9
Certificat d'études primaires. 9

2° INSTRUCTION SECONDAIRE.

Conditions générales pour l'agrégation de l'enseignement secondaire classique. 10
Conditions spéciales pour l'agrégation de philosophie. 12
Conditions spéciales pour l'agrégation des classes supérieures des lettres. 12
Conditions spéciales pour l'agrégation des classes d'histoire et de géographie. 13
Conditions spéciales pour l'agrégation des classes de grammaire. 14
Conditions spéciales pour l'agrégation des langues vivantes. 14
Conditions spéciales pour l'agrégation des sciences mathématiques. 15
Conditions spéciales pour l'agrégation des sciences physiques. 16
Conditions spéciales pour l'agrégation des sciences naturelles. 16
Conditions générales pour l'agrégation de l'enseignement secondaire spécial. 16
Conditions spéciales pour l'agrégation des classes littéraires et des sciences économiques. 18
Conditions spéciales pour l'agrégation des classes des sciences appliquées. 18
Certificat d'aptitude à l'enseignement des langues vivantes. 19
Certificat d'examen de grammaire. 20
Diplôme d'études de l'enseignement secondaire spécial. 21
Brevet de capacité de l'enseignement secondaire classique. 22
Brevet de capacité de l'enseignement secondaire spécial. 22

3° INSTRUCTION SUPÉRIEURE.

Diplôme de bachelier ès lettres. 23
Diplôme de licencié ès lettres. 25
Diplôme de docteur ès lettres. 26
Diplôme de bachelier ès sciences complet. 26
Diplôme de bachelier ès sciences restreint. 27
Diplôme de licencié ès sciences. 28

Diplôme de docteur ès sciences, 29
Certificat de capacité pour les sciences appliquées. 29
Diplôme de docteur en médecine ou en chirurgie. 30
Diplôme d'officier de santé. 32
Diplômes de pharmacien. 33
Diplômes d'herboriste. 35
Diplômes de sage-femme. 35
Certificat de capacité en droit. 36
Diplôme de bachelier en droit. 36
Diplôme de licencié en droit. 37
Diplôme de docteur en droit, 37
Diplôme de bachelier en théologie. 38
Diplôme de licencié en théologie, 38
Diplôme de docteur en théologie. 39
Diplômes des facultés de théologie protestante. 39

---

§ 2. CONDITIONS D'ADMISSION
AUX FONCTIONS DE L'ENSEIGNEMENT PUBLIC.

1° INSTRUCTION PRIMAIRE.

Directrice de salle d'asile communale. 40
Sous-directrice adjointe de salle d'asile communale. 40
Institutrice primaire communale. 41
Institutrice adjointe communale. 41
Directrice de classe communale d'adultes-femmes. 42
Directrice et maîtresse adjointe d'école normale primaire. 42
Instituteur primaire communal. 42
Instituteur adjoint communal. 43
Directeur de classe communale d'adultes-hommes. 44
Directeur d'école normale primaire. 44
Maître adjoint d'école normale primaire. 44

2° INSTRUCTION SECONDAIRE.

Principal de collège. 44
Professeur de collège. 45
Maître d'étude de collège. 45
Proviseur de lycée. 46
Censeur des études. 46
Professeur de lettres ou de sciences de lycée. 46
Professeur de langues vivantes de lycée. 46
Surveillant général de lycée. 47
Maître répétiteur de lycée. 47
Professeur de dessin. 48
Professeur de gymnastique. 48

3° INSTRUCTION SUPÉRIEURE.

Professeur de faculté de théologie.   48
Professeur de faculté de droit.   49
Agrégé de faculté de droit.   49
Professeur de faculté de médecine.   50
Agrégé de faculté de médecine.   51
Professeur de faculté des sciences.   52
Agrégé de faculté des sciences.   52
Professeur de faculté des lettres.   53
Agrégé de faculté des lettres.   53
Professeur d'école supérieure de pharmacie.   54
Agrégé d'école supérieure de pharmacie.   55
Professeur d'école de médecine et de pharmacie de plein exercice.   56
Professeur d'école préparatoire de médecine et de pharmacie.   56
Professeur d'école préparatoire à l'enseignement supérieur des sciences et des
   lettres.   57
Maître de conférences dans les facultés.   58

4° ADMINISTRATION ACADÉMIQUE.

Recteur d'académie.   58
Inspecteur d'académie.   58
Inspecteur de l'instruction primaire.   59
Secrétaire d'académie.   59
Secrétaire agent comptable de faculté.   59
Économe et commis d'économat de lycée.   60
Commis d'administration.   60

5° ADMINISTRATION CENTRALE.

Inspecteur général de l'instruction publique.   60
Chef de bureau et employé à l'administration centrale.   61

§ 3. CONDITIONS D'ADMISSION
AUX BOURSES DES ÉTABLISSEMENTS D'INSTRUCTION.

Facultés de l'État.   62
Lycées et collèges de l'État.   63
Prytanée militaire.   65

§ 4. CONDITIONS EXIGÉES
POUR L'EXERCICE DE L'ENSEIGNEMENT LIBRE.
1° INSTRUCTION PRIMAIRE.

Salles d'asile libres.   67
Écoles primaires libres de filles.   68
Maisons d'éducation de jeunes filles.   69
Cours publics d'enseignement primaire à l'usage des jeunes filles.   69
Écoles primaires libres de garçons.   70
Cours publics d'enseignement primaire à l'usage des jeunes gens.   71

2° INSTRUCTION SECONDAIRE.

Établissements libres d'enseignement secondaire classique.   71
Établissements libres d'enseignement secondaire spécial.   72
Professeurs et maîtres d'étude d'établissements libres d'enseignement secondaire. 73

3° INSTRUCTION SUPÉRIEURE.

Facultés libres, cours publics libres.   73

---

§ 5. FORMALITÉS EXIGÉES DES ÉTRANGERS.

Formalités exigées des étrangers pour se livrer à l'enseignement en France.   75

---

§ 6. DISPOSITIONS RELATIVES AU SERVICE MILITAIRE.

Dispositions de la loi militaire concernant les fonctionnaires de l'instruction publique et les élèves de l'enseignement public et libre.   77
Conditions d'admission au volontariat d'un an.   81

---

§ 7. CONDITIONS D'ADMISSION AUX ÉCOLES SPÉCIALES.
1° MINISTÈRE DE L'INSTRUCTION PUBLIQUE ET DES BEAUX-ARTS.
Instruction publique.

Cours pratique des salles d'asile.   84
Écoles normales primaires d'institutrices.   85
Écoles normales primaires d'instituteurs.   86
École normale de l'enseignement secondaire spécial.   88
Écoles normales secondaires.   90
École normale supérieure.   90
École pratique des hautes études.   92
École française d'Athènes.   94
École française de Rome.   95
Écoles de droit.   96
Écoles de médecine.   97
Écoles de pharmacie.   99

DES MATIÈRES 187

École des chartes. 101
École des langues orientales vivantes. 102

Beaux-Arts.

École nationale et spéciale des beaux-arts de Paris. 103
École nationale des beaux-arts de Lyon. 112
École nationale des beaux-arts de Dijon. 112
École nationale des arts décoratifs. 113
École nationale de dessin pour les jeunes filles. 113
Conservatoire national de musique et de déclamation. 114
Écoles de musique succursales du Conservatoire. 119

2° MINISTÈRE DES POSTES ET TÉLÉGRAPHES.

École supérieure de télégraphie. 120

3° MINISTÈRE DE LA GUERRE.

École polytechnique. 121
École spéciale militaire de Saint-Cyr. 124
École de cavalerie. 125
Écoles de médecine et de pharmacie militaires. 127

4° MINISTÈRE DE LA MARINE.

École navale. 129
École du génie maritime. 131
Écoles d'hydrographie. 131
Écoles de médecine et de pharmacie navales. 132

5° MINISTÈRE DES TRAVAUX PUBLICS.

École des mines. 134
École des mineurs. 135
Écoles des maîtres-ouvriers mineurs. 136
École des ponts et chaussées. 137

6° MINISTÈRE DE L'AGRICULTURE ET DU COMMERCE.

Écoles d'agriculture. 139
Diplôme d'ingénieur agricole. 140
Institut national agronomique. 140
École d'irrigation et de drainage. 141
École de bergers. 141
École d'horticulture. 142
Écoles vétérinaires. 143
École d'arts et métiers. 144
École centrale des arts et manufactures. 146
École supérieure du commerce. 147
École forestière. 148
École des haras. 150

7° ÉCOLES PRIVÉES.

École spéciale d'architecture. 151
École des sciences politiques. 152

MANUEL
DU BACCALAURÉAT
ÈS LETTRES
SCINDÉ EN DEUX EXAMENS
RÉDIGÉ CONFORMÉMENT AU NOUVEAU PROGRAMME DE 187

PAR

MM. E. LEFRANC, G. JEANNIN, J. LANGLEBERT,

Ancien professeur au collège Rollin.   Professeur de l'Académie   Professeur de sciences physiques
de Paris.   et naturelles à Paris.

Nouvelle édition revue, corrigée et augmentée, conformément
à l'arrêté du 22 juillet 1878.

Année scolaire 1878-1879.

Huit volumes in-12, *avec 7 cartes et 900 gravures dans le texte.*

Prix : *broché*, 18 fr. — *Relié toile*, 20 fr.

Chaque Examen et chaque Partie se vendent séparément.

PREMIER EXAMEN

Rhétorique, Littérature, Histoire, Géographie,

Par MM. E. LEFRANC et G. JEANNIN.

Trois Parties en un fort volume in-12, *avec 4 cartes*, br. 5 fr. — rel. toile, 6

Chaque Partie ou Volume se vend séparément.

Première Partie (Premier Examen). *Auteurs français, latins et gre
d'explication, Notions de Rhétorique et de Littérature classique,* d'après l'arr
du 22 juillet 1878, par *MM. E. Lefranc et G. Jeannin;* 1 vol. in-12,
br. 1 fr. 75

Deuxième Partie (Premier Examen). *Histoire Moderne* (programme
1874, classe de rhétorique), par *MM. E. Lefranc et G. Jeannin;* 1 vol. in-1
avec 2 cartes,
br. 1 fr. 75

Troisième Partie (Premier Examen). *Géographie* (programme de 187
classe de rhétorique), par *MM. E. Lefranc et G. Jeannin;* 1 vol. in-12, a
2 cartes,
br. 1 fr. 75

SECOND EXAMEN

ilosophie, Histoire, Géographie, Sciences, Langues vivantes,

Par MM. E. LEFRANC, G. JEANNIN et J. LANGLEBERT.

q Parties en 2 forts volumes in-12, *avec 3 cartes et 900 gravures dans le texte.*

Broché, 14 fr. — Relié toile, 15 fr.

Chaque Volume ou Partie se vend séparément.

Première Partie (Second Examen). *Cours de Philosophie; Analyse des Auteurs philosophiques; Langues vivantes, Auteurs d'explication allemands, anglais, espagnols, italiens, arabes, par MM. E. Lefranc et G. Jeannin;* 1 vol. in-12, br. 3 fr.

Deuxième Partie (Second Examen). *Histoire Contemporaine, Géographie historique, tenues au courant des derniers événements et des récentes modifications territoriales (programme de 1874, classe de philosophie), par MM. E. Lefranc et G. Jeannin;* 1 vol. in-12, *avec 3 cartes,* br. 2 fr.

Troisième Partie (Second Examen). *Arithmétique, Algèbre, Géométrie, Cosmographie (programme spécial de 1874, classe de philosophie), par MM. E. Lefranc et G. Jeannin;* 1 vol. in-12, *avec 189 gravures dans le texte,* br. 2 fr. 50 c.

Quatrième Partie (Second Examen). *Physique et Chimie (programme de 1874, classe de philosophie), par M. J. Langlebert;* 1 vol. in-12, *avec 250 gravures dans le texte,* br. 4 f.

Cinquième Partie (Second Examen). *Histoire Naturelle (programme de 1874, classe de philosophie), par M. J. Langlebert;* 1 vol. in-12, *avec 490 gravures dans le texte,* br. 3 fr. 50 c.

---

iveau **Cours de Philosophie,** rédigé d'après le nouveau programme du Baccalauréat ès lettres, par *M. Henri Joly,* professeur de philosophie à a faculté des lettres de Dijon : cinquième édition, revue et augmentée; n fort vol. in-12, de 580 pages, br. 4 fr. 50 c.

des sur les **Ouvrages philosophiques** de l'Enseignement classique, Analyses, Commentaires, Appréciations, rédigés d'après le nouveau programme du Baccalauréat, par *M. Henri Joly :* troisième édition, revue t augmentée; un vol. in-12, br. 3 fr.

ueil de **Versions latines,** données récemment aux examens des facultés les lettres de Paris et des départements, avec la traduction française, par *I. E. Vallat,* professeur de Paris : 7e édition, revue et modifiée; in-12, br. 1 f. 50 c.

ueil de **Sujets de Composition latine,** donnés la plupart aux examens les facultés des lettres de Paris et des départements, avec des modèles de éveloppements et des conseils, par *M. A. Dubois,* professeur de Paris; e édition, revue et augmentée; in-12, br. 1 f. 50 c.

ueil de **Sujets de Dissertation philosophique,** donnés aux examens des acultés des lettres et dans les lycées, avec des modèles de développements t des conseils, à l'usage des aspirants au Baccalauréat, par *M. J. Maneart,* professeur de philosophie : 4e édition, revue et augmentée; in-12, br. 1 f. 50 c.

www.ingramcontent.com/pod-product-compliance
Lightning Source LLC
Chambersburg PA
CBHW052358090426

42739CB00011B/2416